Jean Monbourquette
médecin de l'âme

Du même auteur, chez le même éditeur

Aimer, perdre et grandir, 1994 (1re édition 1984, Les Éditions du Richelieu; édition de poche, Novalis, 2007)

Allégories thérapeutiques, 1990 (Production Jean Monbourquette)

Comment pardonner?, 1992

Groupe d'entraide pour personnes en deuil, 1993

Groupe d'entraide pour personnes séparées/divorcées, 1994

Apprivoiser son ombre, 1997

À chacun sa mission, 1999

De l'estime de soi à l'estime du Soi, 2002

Le précieux temps de la fin*, 2003 (1re édition publiée en 1992 sous le titre *Mourir en vie!*)

Pour des enfants autonomes, 2004 (1re édition publiée en 1993 sous le titre *L'ABC de la communication familiale*)

Stratégies pour développer l'estime de soi et l'estime du Soi*, 2003

Demander pardon sans s'humilier*, 2004

La violence des hommes, 2006

La mort, ça s'attrape?, 2008

* Écrit en collaboration

Propos recueillis par
Isabelle d'Aspremont Lynden

Jean Monbourquette
médecin de l'âme

NOVALIS

Jean Monbourquette, médecin de l'âme est publié par Novalis.

Couverture et éditique : Dominique Pelland
Photographie de la couverture : ©Jacek Sokolowski

© 2008 : Novalis, Université Saint-Paul, Ottawa.

Dépôts légaux : 1er trimestre 2008
   Bibliothèque nationale du Canada
   Bibliothèque nationale du Québec

Novalis, 4475, rue Frontenac, Montréal (Québec), H2H 2S2
   C.P. 990, succursale Delorimier, Montréal (Québec), H2H 2T1

Nous reconnaissons l'aide financière du gouvernement du Canada par l'entremise du Programme d'aide au développement de l'industrie de l'édition (PADIÉ) pour nos activités d'édition.

ISBN : 978-2-89507-760-2

Imprimé au Canada

Catalogage avant publication de Bibliothèque et Archives nationales du Québec et Bibliothèque et Archives Canada

Monbourquette, Jean
   Jean Monbourquette, médecin de l'âme
   Comprend des réf. bibliogr.

   ISBN : 978-2-89507-760-2

   1. Monbourquette, Jean. 2. Oblats de Marie-Immaculée - Biographies. 3. Église catholique - Ontario - Clergé - Biographies. 4. Psychologues - Ontario - Biographies. I. Aspremont, Isabelle d'. II. Titre.

BX4705.M5612A3 2008   271'.7602   C2007-942353-1

NOVALIS

Remerciements

Nous tenons à remercier tout particulièrement le père Croteau pour ses corrections éclairées et éclairantes. Malgré une vue partiellement déficiente, il a accepté de relire nos textes et d'y apporter ses critiques.

Je tiens à remercier Jean Monbourquette pour nos longues entrevues dans des conditions parfois difficiles; il a été fidèle à lui-même, lui qui va toujours jusqu'au bout de ce qu'il entreprend. Sa persévérance est contagieuse! Je le remercie aussi pour la simplicité avec laquelle il s'est raconté et pour l'humilité dont il a fait preuve.

Isabelle d'Aspremont Lynden

Introduction

La maison d'édition Novalis m'a invitée à écrire la biographie de Jean Monbourquette. Étant sa collaboratrice, j'ai accepté avec enthousiasme. Lorsque nous avons commencé la rédaction de ce livre, Jean était très malade et sa voix, presque inaudible. Étendu sur son fauteuil, il se racontait toutefois avec une simplicité déconcertante. J'enregistrais nos conversations et les retranscrivais aussi fidèlement que possible, les agrémentant de ce que je connaissais de lui par la lecture de ses livres ou par nos nombreux échanges de vue.

Jean se présente comme prêtre, psychologue, écrivain, professeur à la retraite de l'Université Saint-Paul à Ottawa, Canada, conférencier international et animateur de centaines d'ateliers dans le monde francophone. Il est devenu une figure de proue dans le domaine psychospirituel. Mais au-delà de tous ces personnages, il y a un homme. Mon dessein en écrivant ce livre est de vous le faire connaître à travers ses œuvres. À ce jour, il a écrit quatorze ouvrages dont les principaux sont : *Aimer, perdre et grandir, Comment pardonner?, Apprivoiser son ombre, À chacun sa mission, Le temps précieux de la fin, De l'estime de soi à l'estime du Soi, Stratégies pour développer l'estime de soi et l'estime du Soi, Pour des enfants autonomes, Demander pardon sans s'humilier, La violence des hommes* et, à paraître prochainement, *La mort, ça s'attrape?*

Homme de cœur et travailleur acharné, l'urgence de sa mission ne lui laisse aucun répit. À cause de son état de santé, il ne

croyait pas vivre au-delà de l'an 2000. Et une de ses chansons pré-
férées, celle de Michel Fugain, renforça en lui cette croyance :

> Même en courant
> Plus vite que le vent
> Plus vite que le temps
> Même en volant
> Je n'aurai pas le temps, pas le temps
>
> De visiter toute l'immensité
> D'un si grand univers
> Même en cent ans
> Je n'aurai pas le temps de tout faire

Jean est habité du désir profond de rejoindre les gens dans leurs
préoccupations quotidiennes. Après avoir acquis des connaissances intellectuelles dans les universités, il a complété sa formation
à l'« université du peuple ».

> Celui qui veut connaître l'âme humaine n'ap-
> prendra à peu près rien de la psychologie expéri-
> mentale. Il faut lui conseiller d'accrocher au clou
> la science exacte, de se dépouiller de son habit de
> savant, de dire adieu à son bureau d'étude et de
> marcher à travers le monde avec un cœur humain,
> dans la terreur des prisons, des asiles d'aliénés,
> des hôpitaux, de voir les bouges des faubourgs,
> les bordels, les tripots, les salons de la société élé-
> gante, la Bourse, les meetings socialistes, les égli-
> ses, le revival et les extases des sectes, d'éprouver
> sur son propre corps amour et haine, les passions
> sous toutes les formes : alors, il reviendra chargé
> d'un savoir plus riche que celui que lui auraient
> donné des manuels épais d'un pied et il pourra
> être, pour ses malades, un médecin, un véritable
> connaisseur de l'âme humaine.

C.G. Jung, *L'âme et la vie*, p. 98.

Lorsque Jean a œuvré comme vicaire à Hull, les paroissiens ont été ses premiers maîtres. Vulgarisateur-né, il sait rendre son savoir accessible à tous, au risque parfois de passer pour simpliste aux yeux de certains. Il part de thèmes proches de la vie et des expériences concrètes des gens comme le deuil, le pardon, le sens de la vie, la mort, etc., pour aboutir, à travers la psychologie et la spiritualité, à la foi. Pragmatique, il offre des outils concrets de croissance. Chercheur, il s'attache à trouver des « comment? » aux « pourquoi? ».

Rejointe viscéralement par sa vision de la personne et par sa pédagogie, je me suis aussitôt mise à son école. Le côtoyer a été une source d'apprentissage et de croissance. Tour à tour, il est devenu pour moi un mentor, un père, un thérapeute, une mère, un guide, un collaborateur et un ami. Ma rencontre avec lui demeure encore un mystère! Elle a transformé ma vie. De point d'interrogation, je suis devenue un point d'exclamation. Ma mission a vu le jour dans la croissance psychospirituelle. Je peux dire avec certitude : « C'est ça que la Vie attend de moi! » Porteuse de l'héritage de Jean, je suis habitée par la responsabilité de transmettre et de poursuivre son œuvre.

Jean avait l'habitude de répéter : « Lorsqu'une femme et un homme travaillent ensemble, ils deviennent féconds. » La création de l'association de l'estime de soi et de l'estime du Soi est un des fruits les plus précieux de notre collaboration.

Au fil des pages, Jean vous relatera ses expériences personnelles, il décrira comment celles-ci l'ont amené à écrire sur certains thèmes de la vie. Mes propres expériences de vie introduisent la plupart des chapitres et montrent en quoi ou pourquoi l'enseignement de Jean m'a tellement rejointe. Des textes choisis ou des histoires vous sont proposés pour prolonger votre réflexion.

Isabelle d'Aspremont Lynden

Un pionnier dans la réflexion sur le deuil

Isabelle

Chemin de mort, chemin de Vie

En 1998, je reçus un fascicule de la Maison St-Hubert, association spécialisée dans l'accompagnement des personnes en deuil en Belgique. D'emblée, une phrase me frappa et m'interpella profondément : « Sur le chemin du deuil… rencontrer la Vie! » Voilà mon histoire de vie résumée en une ligne.

Dès l'adolescence, je fus confrontée à de nombreux deuils. En l'espace de huit mois, mon père, mon grand-père, ma mère et une de mes sœurs que j'affectionnais beaucoup mouraient. À l'âge de onze ans, mon univers affectif s'effondrait. On ne parlait pas de deuil à cette époque-là. Il fallait survivre, à défaut de vivre, et se débrouiller tant bien que mal. Outre ma famille et mes amis, la lecture m'a été d'une aide précieuse. Je dévorais livre après livre. Les uns me permettaient d'échapper à la réalité, les autres de chercher des réponses aux innombrables questions qui me poursuivaient : « Pourquoi cela m'est-il arrivé à moi? Pourquoi la souffrance et la mort? Je veux, moi aussi, mourir et les rejoindre… »

Néanmoins, une tenace envie de vivre m'habitait. *Le livre de la vie* de Martin Gray m'a beaucoup aidée. Si cet homme pouvait continuer à vivre après ses innombrables deuils, pourquoi pas moi? De plus, il proposait dans son livre des moyens concrets. Je les pratiquais pour apprendre à rejoindre la force de vie en moi.

Après une adolescence tumultueuse, je me suis mariée, puis à nouveau j'ai été confrontée à des deuils, cette fois, périnataux. Il me paraissait totalement injuste de ne pouvoir fonder une famille avec de nombreux enfants. Un de mes oncles, bien intentionné, m'avait dit : « Tu sais, Isabelle, si tu rencontres toutes ces épreuves dans ta vie, c'est que Dieu trouve que tu as la force de les vivre. » Ma réponse ne s'est pas fait attendre : « Moi, je ne peux pas croire en un Dieu qui envoie des épreuves pour éprouver les hommes! Et si c'est ça, votre Dieu, gardez-le! » J'étais déjà assez révoltée par la religiosité environnante; cette remarque déclencha chez moi l'abandon de toute pratique religieuse.

Mais toujours poussée par mon désir de comprendre le sens de ma vie et l'éventuelle implication de Dieu à travers tous ces deuils, je m'inscrivis, sur les conseils de ma sœur Katherine, à une retraite dans un foyer de Charité à Besançon. Arrivée là pleine de méfiance et de réserve, j'étais bien décidée à ne pas me laisser surprendre par n'importe quel Dieu! Mais tout ce que je découvrais à la Roche d'Or était beau. Les membres de la communauté étaient accueillants, souriants, joyeux; les lieux étaient fleuris, les chambres décorées, la nourriture abondante; on recevait du chocolat pendant le Carême… Je n'en revenais pas! Je restais toutefois sur mes gardes, cet accueil me paraissait presque louche! Le père Florin Callerand, poète mystique, avec sa manière de dire « Dieu », sa pédagogie, eut raison de mes résistances. Il m'invita à rencontrer un « Dieu au-dedans de moi » et non un Dieu au dehors.

Je me demandais bien comment j'allais découvrir ce Dieu-là. J'achetai un livre tout simple de Carlo Carretto, *J'ai cherché et j'ai trouvé*. L'auteur y relate des expériences de personnes qui ont trouvé Dieu dans leur vie. La troisième nuit de la retraite, je fus réveillée par une Présence intérieure qui me brûlait, tant sa Force de Vie était puissante! Voilà qu'à trente-trois ans, le « Dieu du dedans » me saisissait jusque dans mon corps. Ma vie changea alors du tout au tout. Après avoir tant cherché un sens extérieur à mes deuils, ce sens m'était donné du dedans. Être témoin de cette Vie intérieure qui habite toute personne au-delà de ses drames et de ses désespérances donnait enfin un sens à ma vie.

C'est pourquoi, après un travail sur moi et une formation à la relation d'aide, j'ai commencé à accompagner des personnes en deuil. Puis j'ai rencontré Jean Monbourquette. Ce que j'ai aimé par-dessus tout dans sa conception du travail de deuil, c'était l'accent qu'il mettait sur le sens de la perte. L'expression des émotions et des sentiments est capitale pour la résolution du deuil, mais au-delà de cette étape, la recherche du sens est essentielle. Travailler avec une personne en deuil, c'est porter en soi ces questions : « Qu'est-ce que cette personne va apprendre de sa perte? En quoi va-t-elle grandir? Qu'est-elle en train d'y découvrir?... »

Lors d'une journée de formation à Montréal, un psychologue interpella Jean Monbourquette : « Il n'appartient pas aux psychologues de chercher un sens aux pertes des personnes! Notre travail consiste à aider le client à exprimer ses émotions. » Jean lui répondit : « Bien sûr, on peut s'arrêter au travail des émotions. Mais pour moi, la psychologie a perdu sa mission première, l'étude de l'âme. Et c'est en aidant la personne à suivre le chemin du Soi, l'âme habitée par le divin, qu'un sens émergera tôt ou tard de sa perte. »

Voilà la spécificité de l'enseignement de Jean Monbourquette : s'ouvrir à la dimension spirituelle de l'être humain! On ne peut faire du « deuil Monbourquette » sans respecter cette ouverture.

Jean

Le premier deuil

Dans mon enfance, j'ai beaucoup souffert de mon hypersensibilité. À l'âge de quatorze ans, je me suis promis de ne plus pleurer. Je m'en souviens comme si c'était hier : agenouillé à la chapelle du petit séminaire, j'ai fait la promesse de ne jamais plus manifester ma « peine », car j'avais honte parmi mes confrères de laisser paraître ma vulnérabilité. Je voulais couper pour toujours avec la sensibilité reçue de ma mère. Je détestais les gens qui s'apitoyaient sur leur sort. Je venais juste d'acquérir ma contenance de « macho » que je ne tenais pas à perdre.

À la mort de mon père, j'ai vécu une expérience de deuil très profonde. Mes sœurs et moi avons soigné mon père malade durant presque deux ans. Chose curieuse, ma mère avait peur du cancer qu'elle croyait contagieux. Elle visitait mon père, mais elle restait dans l'encadrement de la porte et demeurait le moins de temps possible. Elle se montrait presque phobique devant la maladie de mon père. Mon frère Marc avait, lui aussi, peur de la maladie et il ne semblait guère se soucier de mon père. J'ai appris par la suite que ce n'était qu'une façade; il se sentait très coupable. La responsabilité de l'accompagnement de mon père nous incombait donc, à mes sœurs et à moi. Avec leur aide, j'ai appris à le soigner et même à lui faire des injections de morphine. Durant les derniers mois de sa vie, nous avions organisé des temps de veille de huit heures chacun.

J'ai connu alors ce que veut dire pousser le dernier souffle. J'ai été témoin de cette ultime respiration de détresse et de soulagement. J'ai fermé les yeux de mon père, pendant que ma mère faisait une crise de larmes. Je me suis senti le héros de la famille, maître de la situation, celui qui n'avait pas peur et qui retenait ses émotions, envers et contre tout. J'avais dix-sept ans et j'avais tenu ma promesse. Parfois, contre ma volonté, les sanglots venaient me couper le souffle, mais je parvenais toujours à les maîtriser.

J'ai fait des efforts inouïs pour conserver cette contenance. J'ai tout pris en charge, la date des funérailles, le choix du cercueil, les arrangements funéraires, les rencontres avec les entrepreneurs de pompes funèbres, etc. Je me croyais l'indispensable et l'invincible sauveteur de la famille. Par contre, durant tout ce temps, j'étais sous l'effet d'un choc émotionnel, pâle et tendu.

Ce fut là ma première expérience sérieuse de deuil. Je n'avais pas compris que j'avais, moi aussi, un deuil à traverser et à résoudre. Or, durant vingt-deux ans, j'ai porté le deuil de mon père, sans être conscient de la somme d'énergie que cela me demandait.

Lors de mes études en psychologie à San Francisco, je m'intéressais beaucoup à la technique thérapeutique des jeux de rôle. Je me suis donc inscrit à une session, afin de pouvoir l'expérimenter. Le jour venu, un des participants, Tom, âgé d'une quarantaine d'années, s'était proposé pour jouer un épisode éprouvant de sa vie. Le but de l'exercice consistait à aller chercher en lui les ressources nécessaires dont il aurait eu besoin lors de cet événement difficile. Son père, à demi fou, avait été emmené de force par des infirmiers dans un hôpital psychiatrique, et ce, sous ses yeux, alors qu'il avait neuf ans. Sidéré par l'événement, Tom s'était senti à l'époque totalement impuissant à porter secours à son père. Le jour de l'exercice, il m'avait choisi pour représenter un des infirmiers qui avaient emmené son père. Pendant qu'on jouait et rejouait la scène, le psychologue demanda à Tom d'aller libérer son père des mains des infirmiers. Dès qu'il en eut la permission, il arracha littéralement son père d'entre nos mains et l'embrassa comme un enfant en pleurant. Le psychologue lui demanda alors d'exprimer ses sentiments de tristesse, d'amertume et de colère. Soudain, c'en fut trop pour moi. Je me mis à pleurer, sans comprendre ma réaction.

Admirant l'habileté du metteur en scène et résolu à comprendre mon état de deuil, je décidai de jouer à mon tour le décès de mon père. Le psychologue me fit choisir des personnes représentant les membres de ma famille. Je désirais m'adresser directement à mon père, mais le psychologue dirigea plutôt mon attention sur ma mère. Il me dit : « Parle à ta mère. » Sur le coup, je ne savais pas trop quoi lui dire. Puis tout à coup, une agressivité s'empara de moi et je me mis à l'engueuler comme jamais je n'aurais osé le faire auparavant. Je lui reprochai mes longues heures de veille alors que je n'avais que dix-sept ans, la responsabilité qui m'avait été dévolue, son absence auprès de mon père, etc. Un moment plus tard, la personne représentant mon père se coucha par terre. Je m'agenouillai auprès d'elle, comme si c'était mon père à l'agonie. Je lui racontai tout ce que j'avais à lui dire, tout ce que j'avais sur le cœur depuis bien longtemps. Mon père me demanda si je voulais être prêtre, je lui répondis que je ne le savais pas encore à dix-sept ans mais que maintenant, je me sentais à même de lui révéler ma vocation. Le psychologue me toucha l'épaule en disant : « Ton père est en train de mourir, que veux-tu faire? » Et là, je pris mon père dans mes bras, je lui dis combien je l'aimais. C'était la première fois que je prononçais ces paroles. Je me mis à pleurer abondamment. La personne qui jouait mon père fut toute trempée par mes larmes. Le metteur en scène me dit : « C'est assez maintenant! » Mais moi, je ne pouvais plus arrêter de pleurer. Après ma grande braille, il me demanda doucement de faire le panégyrique de mon père pour mettre fin au jeu de rôle.

À la fin de la journée, je ressentis une immense fatigue, mon estomac refusait toute nourriture et malgré mon épuisement, je ne parvenais pas à m'endormir. J'éprouvais une telle tristesse! J'avais l'impression de porter un grand vide en moi, comme si les chaînes et les tensions qui m'avaient habité s'étaient envolées. Après vingt-deux ans, ma mémoire dégelait enfin. Trois jours après cette expérience, je sentis une chape de plomb sortir de mon corps, une liberté nouvelle emplissant tout mon être.

Cette expérience de deuil fut pour moi une expérience-sommet. J'y vécus une telle libération que je me promis, dès mon retour au Canada, de permettre à d'autres de parcourir ce chemin de délivrance.

Isabelle

Les deuils suite aux maladies

J'ai été témoin des rétablissements et des formidables efforts de Jean pour guérir. Jamais je n'aurais proposé de lui donner un rein si je n'avais admiré chez lui cette volonté de vivre, sa passion pour le travail et la conscience qu'il avait de poursuivre sa mission. Il possède en outre la capacité de se mettre à distance de ses souffrances.

Lorsqu'il était malade, Jean pratiquait une centration issue de la psychosynthèse d'Assagioli, qui disait entre autres choses : « J'ai un corps, mais je ne suis pas mon corps… J'ai des douleurs, mais je ne suis pas mes douleurs… J'ai des craintes, mais je ne suis pas mes craintes… J'ai des deuils, mais je ne suis pas mes deuils… Je suis plus que mon corps, plus que mes douleurs, plus que mes craintes, plus que mes émotions… Etc. »

Cet exercice permettait à Jean de rejoindre son identité profonde et le lieu de sa mission. Il en recevait l'énergie de lâcher prise sur ses misères et y trouvait l'élan pour aller de l'avant.

Un jour, Jean a été troublé par une rencontre. Un jeune homme l'apostropha à l'Université Saint-Paul et lui dit : « Êtes-vous le père Monbourquette?

— Oui, répondit-il.

— Je suis heureux de vous rencontrer pour vous dire que je trouve vos livres bien intéressants, mais je pense que si vous êtes malade, c'est que vous ne suivez pas les conseils que vous écrivez! »

C'était bien mal connaître Jean Monbourquette que de parler ainsi. Je voudrais aujourd'hui répondre à ce jeune homme : si Jean est toujours en vie, c'est justement parce qu'il pratique lui-même ce qu'il enseigne aux autres. Sans quoi, il y a bien longtemps qu'il ne serait plus parmi nous!

En 1999, Jean a été très affecté par un accident vasculaire cérébral. Lorsqu'il est fatigué, intimidé ou stressé, les séquelles de cet accident se manifestent davantage. Plus il sent son entourage impatient ou agacé par la lenteur de son élocution, plus il devient stressé et moins il parle aisément. Il a conservé toute sa capacité de jugement et de compréhension, mais l'expression est parfois pénible. D'un commun accord, nous avons décidé qu'au début de chaque conférence, je signalerais aux gens sa difficulté d'élocution et ses hésitations éventuelles. Cette décision n'a pas été facile pour lui, il ne voulait pas attirer la pitié… Mais une fois averti, le public se montrait plus indulgent et plus compréhensif à son égard.

Peu de personnes soupçonnent à quel point l'élocution est laborieuse et la gymnastique intellectuelle requise, exigeante. Je me souviens de conférences données à des soignants et à des orthophonistes où ceux-ci l'ont ovationné durant de longues minutes. Jean en a été très ému! Ces professionnels savaient, eux, la somme d'efforts nécessaires et tout ce que sa réhabilitation avait représenté comme travail. Une dame lui a demandé si elle pouvait le citer en exemple à ses patients; un autre participant voulait qu'il décrive sa méthode de réapprentissage de la parole; une autre encore, qui n'en croyait pas ses oreilles, l'a longuement félicité.

Nombreux sont ceux et celles qui auraient baissé les bras. Mais Jean n'a jamais abandonné. Je resterai toujours admirative de sa ténacité et de l'humilité dont il a fait preuve en allant jusqu'au bout de lui-même et en se montrant tel qu'il était devenu! Écoutons-le nous raconter les différents deuils que la maladie lui a fait vivre.

Jean

L'accident vasculaire cérébral

Je jouissais d'une bonne santé que j'entretenais par des activités sportives et des exercices physiques réguliers. Les problèmes majeurs ont commencé en 1992, année où je dus subir une chirurgie pour l'installation d'une prothèse à la hanche. Le succès de l'opération me permit de reprendre mes activités d'enseignant, de conférencier et d'écrivain. Je travaillais presque sept jours sur sept et je prenais rarement des vacances.

En 1999, je rentrais d'une tournée en Europe. J'étais littéralement épuisé. Il me fallait encore animer un atelier sur l'ombre de la personnalité. La fin de la journée fut pénible; patients devant mes paroles incohérentes, les auditeurs croyaient que j'utilisais un langage ésotérique… En réalité, je « déparlais » tout simplement. Vanné, je décommandai un souper chez ma sœur et me précipitai au lit, espérant que la nuit me permettrait de récupérer. Le lendemain matin, je me sentais toujours aussi accablé par la fatigue. Je me levai pourtant et m'habillai; tout me semblait normal. Je descendis dans la salle à manger pour le déjeuner; le cuisinier me demanda ce que je voulais manger. Je fus incapable de répondre, aucun son ne sortit de ma bouche. J'étais muet. J'indiquai au cuisinier interloqué ce que je voulais manger. Alerté, le supérieur vint s'asseoir à ma table, inquiet de ce qui se passait. Je lui écrivis sur un bout de papier que je ne pouvais plus parler et que je ne comprenais pas ce qui m'arrivait. Il me fit conduire d'urgence à l'hôpital, où les médecins diagnostiquèrent un accident vasculaire cérébral. Dans l'après-midi, j'émettais des sons tous plus incompréhensibles les uns que les autres. J'avais l'impression de devoir parler sous deux pieds d'eau, alors que mes pensées et ce que je voulais dire me paraissaient tout à fait clairs. Je restai cinq jours à l'hôpital. Les examens révélèrent que ma mémoire n'avait pas été affectée. On me recommanda à des orthophonistes.

Rentré chez moi, j'étais dans un état de choc et de déni. Je ne saisissais pas encore l'étendue des pertes auxquelles j'étais confronté. Je me sentais par moments envahi d'une immense tristesse et je pleurais beaucoup. Il suffisait qu'on manifeste une attention délicate à mon égard et je fondais en larmes. Un ami me rassura, affirmant qu'il était normal de pleurer, quand on avait été victime d'un accident vasculaire cérébral. Mais je me redisais que je ne pouvais pas me laisser gagner par les pleurs, que je devais m'endurcir. Une amie, qui prenait soin de moi, avait parlé à ses sœurs infirmières. Celles-ci lui avaient dit : « Attends-toi à ce que Jean devienne plus irritable, il est bien possible que son caractère change. » Je suis effectivement devenu irascible et ombrageux. Je ne me laissais plus toucher par la tristesse. Je choisis alors de faire mes deuils, de regarder en face tout ce que je perdais en perdant la parole : deuil du conférencier, du professeur d'université, du thérapeute et, surtout, deuil de l'écrivain. Car en plus de la parole, j'avais aussi perdu la capacité de lire et d'écrire, en particulier le bon usage de la grammaire et de la syntaxe. Peu à peu, les résistances provenant du choc et du déni furent balayées par une intense tristesse. Je décidai de prendre un moment chaque jour pour me permettre d'accueillir toutes mes émotions. Je me faisais couler un bain chaud. Entouré par cette chaleur bienfaisante, je me remémorais les attentions touchantes de la journée, les paroles aimantes, et je me laissais pleurer à chaudes larmes pendant une vingtaine de minutes. Je ressentais alors une détente envahir tout mon corps, en particulier la gorge, la nuque et le dos, comme si un lourd fardeau était évacué. Mon esprit devenait plus clair et mes pensées, plus sereines. Je terminais le bain par une douche froide qui me saisissait et achevait de faire disparaître les traces de dépression. Je me souviens du jour où mon dentiste, ému par mon aphasie, m'avait dit : « Cette fois-ci, les soins sont gratuits! » Ce soir-là dans mon bain, ce fut la grande « braille »!

Les orthophonistes m'ont été d'un grand réconfort, surtout par leur accueil inconditionnel et chaleureux, leur bienveillance à mon égard, l'absence de jugement, tout cela allié à une grande patience. Leurs explications sur ce qui se passait en moi me rassuraient : il était normal que je doive réapprendre à lire, que je prenne du temps avant d'assembler des syllabes de manière à pouvoir identifier un mot. J'apprenais ainsi à progresser patiemment dans la lecture… Je devais déchiffrer les mots les uns après les autres. Je me plaignais de ne pouvoir lire le bréviaire avec mes confrères. Les encouragements des orthophonistes à persévérer m'ont aidé à croire que j'allais m'en sortir.

Les attentions des orthophonistes m'ont motivé à demander l'aide d'un professeur de diction et d'élocution. Ma journée était bien occupée. Je faisais des vocalises pour renforcer ma voix devenue faible; je lisais une heure à haute voix jusqu'à ce que la phrase soit dite de façon parfaite, claire et compréhensible; je faisais de la « gymnastique du cerveau » pour stimuler le cerveau et en coordonner les deux hémisphères; je prenais des postures de yoga qui favorisaient la circulation sanguine; j'écoutais des visualisations pour aiguiser mes sens. Pour m'encourager, je me projetais dans l'avenir et je me voyais en train de donner des conférences et d'écrire un livre. Une amie infirmière me donnait des touchers thérapeutiques de vingt minutes tous les deux jours. Et je prenais soin de ma santé sur le plan de l'alimentation, du repos, de la relaxation, me permettant de pleurer si j'en ressentais le besoin. Au bout de quatre mois, je donnai ma première demi-heure de cours à l'Université Saint-Paul. Ce fut pénible, mais quelle victoire!

Depuis, j'ai écrit près de six livres, enseigné et donné plusieurs conférences. Mon élocution n'est pas encore parfaite, surtout lorsque je suis fatigué ou intimidé. Par exemple, j'ai de la difficulté à conjuguer les verbes pronominaux avec une négation. C'est pourquoi Isabelle m'accompagne; à nous deux, nous formons un bon tandem. Sa présence me rassure.

J'ai mis du temps à découvrir un sens à mon handicap. Professeur, conférencier international aux agendas chargés, écrivain reconnu, thérapeute recherché, je pouvais manifester une certaine arrogance. Mais aujourd'hui, cette épreuve m'a enseigné l'humilité; j'ai appris à me montrer tel que je suis, plus vulnérable, fragile, peu éloquent, moins performant. La maladie m'a rendu davantage empathique à la souffrance de l'autre. Elle m'a appris à être plus sage.

La greffe de rein

En 2001, une déficience rénale me ralentit dans ma mission. Je dus subir des traitements d'hémodialyse, en attendant une transplantation. Même si je n'étais soumis qu'à deux séances de dialyse par semaine, je les trouvais très pénibles. Une personne généreuse m'offrit de me donner un de ses reins; malheureusement, ceux-ci laissaient passer des protéines : la greffe ne put donc pas avoir lieu.

Peu de temps après, lors d'un repas à Québec, une de mes étudiantes, Isabelle d'Aspremont, me dit : « Oh! elle ne peut pas te donner un rein! Eh bien! moi, je t'en donnerai un. » Je pris sa proposition à la légère. Mais une fois rentrée en Belgique, Isabelle contacta différents médecins afin d'évaluer les risques qu'elle prendrait en me cédant un rein. Elle en parla à sa famille et, un beau jour, me téléphona pour me dire que sa décision était prise : elle était prête à la transplantation. Ma première réaction fut de lui dire : « Es-tu sérieuse? » Je ne pouvais pas y croire. Mais Isabelle me répondit : « Ta mission n'est pas finie, tu as encore trop de choses à dire et à transmettre. » J'étais partagé entre un sentiment d'extrême gêne à l'idée d'accepter son offre et l'espoir fou de guérir.

Toutefois, durant les examens préliminaires, mon cardiologue m'annonça que mon cœur ne supporterait pas l'intervention et que la greffe rénale ne pourrait se faire qu'après quatre pontages au cœur. Je subis donc cette importante chirurgie cardiaque. Malheureusement, plusieurs erreurs médicales se sont succédé. Au cours de l'opération, le nerf phrénique fut endommagé, entraînant des difficultés d'ordre respiratoire. De plus, le chirurgien avait omis d'installer une sonde vésicale, croyant que, dialysé, je n'urinais plus. Si ma sœur infirmière n'avait pas détecté un globe vésical gonflé, je serais mort empoisonné par mon urine. Ma sœur s'est imposée et, de toute urgence, un infirmier m'a enfin posé une sonde.

Ma récupération fut longue. Je n'arrivais plus à me laisser aller au sommeil, j'avais peur d'étouffer. J'étais mal dans ma peau et fatigué à l'extrême. Pour la première fois de ma vie, je songeais à mourir, j'avais perdu le goût de vivre. Je ne me voyais pas continuer à vivre dans un tel état de déchéance. Je me sentais tellement mal que la transplantation rénale dut être retardée. À ce moment-là, j'eus la chance d'être entouré par des personnes aimantes qui m'ont encouragé à guérir et à vivre.

Une fois assurés de la compatibilité des tissus, la date de la transplantation fut fixée au 21 novembre 2001. Pour me préparer à cette intervention, j'avais créé des visualisations où je demandais à mon corps, à ses différents organes et à ses multiples systèmes de se préparer à recevoir le rein. Isabelle, quant à elle, expliquait à son corps et à son rein droit ce qui allait leur arriver ainsi que le pourquoi de son geste. Il nous arrivait de pratiquer ces visualisations ensemble.

Au jour « J », Katherine, la sœur d'Isabelle, me tenait compagnie pendant que les médecins commençaient à opérer Isabelle. Et là, épuisé par une séance de dialyse, et fortement touché par le geste d'Isabelle, je pleurai longuement, me sentant indigne d'un tel cadeau. Par ses paroles consolantes, Katherine me rassura : Isabelle avait beaucoup changé depuis qu'elle m'avait rencontré, elle était désormais habitée par un nouveau dynamisme et un grand enthousiasme de vivre. Chacun de nous deux, à sa façon et selon ses moyens, donnait la vie à l'autre!

Six mois après la greffe de rein, de nouveaux ennuis de santé m'accablèrent. Mon vieux rein causait des problèmes; il était en train de pourrir, infectant tout mon corps. Après son ablation, une kyrielle de virus et de bactéries envahirent tour à tour mon système urinaire. Je ne savais vraiment plus à quel médecin me fier. J'urinais presque toutes les vingt minutes, tant le jour que la nuit. Cela dura quatre mois. Je pensais devenir fou, je dépérissais à vue d'œil; je me sentais prisonnier de mon corps malade; j'avais des pensées suicidaires; je n'entrevoyais plus aucune issue, je voulais mourir. Lors d'une énième analyse d'urine, en examinant le formulaire indiquant les diverses analyses prescrites, Isabelle se demanda pourquoi on ne vérifiait pas la présence de champignons. Elle cocha la case « champignons ». Quelques heures plus tard, on me téléphonait de l'hôpital pour me dire que j'avais des champignons! Enfin, on me recommanda à un formidable « infectiologue ».

Mais je n'en avais pas encore fini. Quelques mois plus tard, une nouvelle infection urinaire me terrassait. Retour à l'hôpital! Le lendemain matin, croyant que j'étais atteint du même champignon, un interne m'administra une dose d'amphotéricine, sans préparation et sans surveillance. L'effet de ce médicament fut immédiat. Je me sentis frissonner dans tout mon corps. Affolé, j'essayai d'arracher la perfusion de mon bras. De toutes mes forces, je criai : « Help! Help! » Une infirmière accourut, m'assurant que ce n'était pas grave. À la suite de ses paroles consolantes, je tombai dans le coma. Mes signes vitaux faiblissaient. Isabelle arriva à ce moment-là. Elle me vit entouré de médecins et d'infirmières qui s'affairaient tous autour de moi. Un médecin lui annonça ma mort prochaine et lui demanda d'avertir ma famille ainsi que ma communauté. Après réflexion, Isabelle se dit qu'elle allait patienter dix minutes avant de prévenir tout ce monde; elle ne me sentait pas mort. En effet, lorsqu'un médecin m'entailla l'aine pour permettre des injections rapides, la douleur me réveilla et je poussai un grand cri. Isabelle en conclut qu'une fois de plus j'étais sauvé!

Depuis, un cancer à l'oreille fut diagnostiqué. Des séances de radiothérapie ont ponctué ma vie pendant plusieurs mois, mais je les ai traversées sans jamais arrêter d'écrire.

Aujourd'hui, quand je jette un regard sur toute cette série de maladies, je m'étonne d'avoir pu franchir autant d'épreuves. J'étais tellement fatigué et mal dans mon corps que, je l'avoue, j'avais envie de mourir. Je me disais : « Je ne peux plus tenir dans cet état de délabrement! À quoi bon vivre dans une telle détresse? Je voudrais en finir immédiatement! » Je touchais réellement le fond du baril; j'avais perdu le goût de vivre. Et aucune considération spirituelle ou morale ne m'attachait à la vie. Pourtant, en santé, jamais je n'aurais pensé en finir ainsi avec la vie. Si je n'avais pas été soutenu par ma sœur Hélène et par Isabelle, je ne sais pas ce qu'il serait advenu de moi. Les soins constants de ces deux femmes m'ont empêché de basculer dans la dépression et m'ont donné le courage de survivre. La prière de bien des personnes et de nombreuses communautés religieuses m'a été d'un grand secours lors de ces expériences toutes proches de la mort. Je rends grâce à Dieu pour ce miracle d'être encore vivant et de pouvoir poursuivre ma mission.

Il m'arrive fréquemment de témoigner de mon accident cérébral vasculaire et de mes autres péripéties. J'espère par là apporter une note d'espoir et de courage à ceux et celles qui se battent pour survivre.

Isabelle

Les publications sur le deuil et le mourir

Voilà plus de trente ans que Jean Monbourquette s'est spécialisé dans le domaine du deuil. On ne compte plus les enseignements qu'il a donnés tant au Canada qu'en Europe, ses articles, ses conférences, ses émissions télévisées, ses participations à des colloques. Comme dirait un de ses amis oblats : « Il y a beaucoup d'avenir dans la mort! »

L'expérience qu'il a récoltée lui a permis d'écrire de nombreux livres sur le sujet du deuil et de la mort. Une de ses motivations a été de transmettre ses connaissances et de partager avec d'autres ses pratiques thérapeutiques individuelles ou de groupe.

Son fameux livre *Aimer, perdre et grandir*, vendu à ce jour à plus de 200 000 exemplaires au Québec et traduit en une dizaine de langues, reste toujours d'actualité. Les lettres de remerciements pour cet ouvrage se comptent par milliers. Il est un véritable chant de l'âme!

Jean

Aimer, perdre et grandir combine l'expérience que j'ai vécue à l'occasion de l'un de mes deuils et celles de mes clients. Après chaque thérapie sur le deuil, je décrivais le thème de la rencontre et je notais par écrit mon ressenti. Je me souviens d'une entrevue où je fus très touché par la confidence d'un homme qui venait de divorcer : « Je suis triste de la perte de mon épouse, mais je suis encore plus triste que mes projets se soient envolés avec elle. » Rentré chez moi, je commençai à écrire un poème sur le thème : « Je fais plus le deuil de mes rêves que de toi. » Je suis devenu le témoin privilégié des secrets de mes clients, de leur courage, de leur désir de guérir et de grandir… C'est aussi grâce à eux que j'ai appris sur le mystère de la souffrance humaine et de la vie toujours prête à renaître.

Peu à peu, j'ai pu classer mes pages volantes et mes réflexions du moment. Le livre a été conçu de manière à ce que les lecteurs se reconnaissent à partir de leurs états de détresse et puissent passer de la tristesse à la consolation. Mon rêve était qu'une personne endeuillée puisse progresser dans son deuil au rythme de sa lecture, un peu comme si elle participait à un rituel de l'âme.

Une fois le manuscrit terminé, hanté par l'idée qu'il soit rejeté par l'éditeur et inquiet d'exposer au grand jour ma douleur ainsi que celle de mes clients, je l'ai présenté à Novalis pour publication. Six mois plus tard, le directeur du moment m'annonça : « C'est tellement mal écrit qu'il faudrait le réécrire et y mettre de la profondeur. » Je lui ai réclamé mon manuscrit et lui ai signifié qu'une autre maison d'édition espérait publier mon livre. Ce qui fut fait. Quelques années plus tard, lorsque Monsieur R. Albert devint directeur de la division commerciale de Novalis, il récupéra les droits d'édition d'*Aimer, perdre et grandir*. Il en a été bien inspiré! En effet, cet ouvrage continue de se vendre plus de vingt ans après la première édition.

J'écrivis ensuite un petit guide pratique à l'intention des animateurs de groupe de deuil (***Groupe d'entraide pour personnes en
deuil*** et ***Groupe d'entraide pour personnes séparées/divorcées***).
J'y partageais mon expérience, les directives à suivre et le déroulement du processus de deuil. C'est ainsi que plusieurs groupes
de deuil ont débuté et se sont multipliés par la suite, au Québec,
en France, en Suisse et en Belgique. De nombreuses associations,
comme Vivre son deuil, Albatros, Jalmav, etc., s'en sont inspi-
rées et ont pris comme modèles de base ces petits guides bien
précieux.

À la demande d'un étudiant qui accompagnait son oncle en phase
terminale, je fis une recherche sur comment aider les personnes
à se préparer à mourir. Je n'étais pas satisfait des livres consultés
sur le sujet. De plus, Denise Lussier-Russel, infirmière en soins
palliatifs et lectrice de la thèse de mes étudiants, m'apprit que la
réalité des mourants était tout autre que la description présentée.
Je lui demandai alors d'être coauteure dans mon projet de livre
sur la mort. Elle accepta et on se partagea le travail. Elle m'initia
en quelque sorte à la préparation de ***Mourir en vie***.

    Le sujet du livre était tellement prenant et difficile pour moi
que je dus suspendre mon travail pendant deux mois. L'ouvrage
suscitait chez moi des états dépressifs. Prendre conscience de la
mort, méditer sur elle, en plus de me situer face à ma propre
mort était trop troublant et trop chargé d'émotions. Je devais me
ménager des espaces où respirer la vie. J'approuve les paroles d'un
certain auteur dont j'ai oublié le nom : « On ne peut regarder ni
la mort ni le soleil durant de longs moments. »

    Lors de la réédition, j'ai tenu à ajouter dans le livre, cette
fois intitulé ***Le temps précieux de la fin***, un chapitre sur la ten-
tation de mourir prématurément, pour y avoir goûté lors de mes
nombreuses maladies, ainsi qu'une réflexion sur la demande de
pardon. N'est-ce pas en effet le moment où l'on désire se sentir
en paix avec soi-même?

À la suite de longues et fréquentes observations de mes clients, j'ai constaté que les endeuillés qui vivaient une relation fusionnelle avec le défunt avaient tendance à éprouver les mêmes symptômes de maladies que celui-ci. Ces symptômes sont provoqués par une sorte de fidélité vouée à l'être cher par-delà la mort! Pour éviter à l'endeuillé de mourir lui aussi, j'ai conçu un rituel que j'appelle la mort symbolique. Je l'ai pratiqué maintes fois avec des endeuillés vivant une relation symbiotique avec un être cher disparu. Les résultats de cette forme de thérapie ont été plus que probants. On pourra en prendre connaissance dans un prochain ouvrage : *La mort, ça s'attrape?*

Formateur de groupes de deuil

Lors de mes études à San Francisco, j'avais entendu parler d'un pasteur protestant qui animait des groupes de deuil. J'assistai à certaines sessions. Je vis là des personnes parler en toute liberté de leur deuil, pleurer à chaudes larmes, et ce, devant une assemblée de 200 assistants. J'étais ébahi! Je me dis : « Voilà une façon collective de faire son deuil fort efficacement. » Je me promis alors d'enseigner cette méthode dans le monde francophone dès mon retour au Canada.

Fidèle à ma promesse, la première chose que je fis en animation pastorale à l'Université Saint-Paul en 1975 fut de mettre sur pied un groupe de deuil. En une semaine, j'avais rassemblé quatorze personnes. J'étais tout étonné de la rapidité avec laquelle les personnes s'étaient inscrites. Lors de la première rencontre du groupe, j'interrogeai une femme sur la perte qu'elle vivait en lui faisant raconter son histoire. Un homme fut tellement ému par le récit qu'il quitta la pièce; une seconde participante le suivit; d'autres sanglotaient. J'envoyai alors deux participants à la recherche de ceux qui étaient sortis. Tel un apprenti sorcier, j'étais complètement dépassé par les événements, je ne savais plus où donner de la tête. J'étais seul et j'avais lancé un processus sans toutefois être en mesure d'en contrôler le déroulement. Ce fut la débandade! Je décidai à l'avenir de limiter le groupe à sept ou huit membres; je pourrais alors entreprendre avec eux une vraie thérapie de deuil.

Peu de temps après, des aidants naturels, qui avaient déjà résolu leur deuil, vinrent me seconder. Une fois leur formation achevée, ces bénévoles à leur tour constituèrent des groupes d'entraide sur le deuil. L'animateur du groupe d'entraide pratiquait l'écoute active, créait un climat de confiance parmi le groupe, se portait garant du bon fonctionnement du groupe, etc.

Les travailleurs sociaux et les psychologues se sentaient eux aussi démunis quand il s'agissait de traiter un deuil. J'ai donc préparé un programme de formation de six jours destiné uniquement à des professionnels, au Centre St-Pierre de Montréal. Durant huit ans, les sessions étaient remplies de candidats désirant se former au deuil. La particularité de cette formation consistait à inviter les professionnels à traverser eux aussi en partie le processus d'un deuil personnel. J'y combinais théorie et expérience. Rien de tel en effet que de parcourir soi-même un chemin avant d'inviter les autres à l'emprunter.

Depuis, le deuil a fait son chemin dans le cœur de certains, à un point tel qu'une de mes anciennes clientes, Lisette Jean, a fondé la Maison Monbourquette qui se consacre au suivi du deuil. Je me réjouis de cette généreuse initiative. Je constate avec inquiétude le peu de considération de la société pour le deuil et la mort. Si nous n'y prenons garde, nous serons bientôt « des sans-âmes ». La mission de la Maison Monbourquette est bien d'être la gardienne du deuil et de rappeler à la société la nécessité de faire ses deuils! La Maison Monbourquette remplace un peu la communauté d'autrefois, qui accompagnait les endeuillés tout au long de leur deuil jusqu'à la fin de celui-ci.

Réflexion

Tu seras habité d'une présence nouvelle

Aussi longtemps que l'on recherche la présence extérieure de la personne disparue, c'est un signe qu'on ne l'a pas encore quittée. Si l'on devient triste à la seule pensée de l'absent, c'est qu'on n'est pas encore guéri.

Cette tristesse ne se présente pas chez ceux qui ont fait leur héritage. Le poids de la peine et de la tristesse fait place à une légèreté de tout leur être. Ils en parlent comme d'un accouchement ou encore comme d'une libération. Au souvenir de la personne perdue, au lieu de ressentir un manque, ils vivent un plein d'amour. Ils ne perçoivent plus l'être aimé comme extérieur à eux-mêmes, mais bien comme une douce présence.

Si tu poursuis ton deuil jusqu'à la prise de possession de l'héritage, tu seras habité d'une nouvelle présence, reconnaissable à la joie, la paix et la liberté qu'elle suscite en toi.

(Aimer, perdre et grandir, 1994, p. 168.)

N'avez-vous jamais...	Avez-vous depuis...
Vécu un chagrin d'amour?	Retrouvé le goût d'aimer encore?
Perdu une personne à qui vous teniez plus qu'à vous-même?	Éprouvé la joie des retrouvailles intérieures?
Déploré la perte d'un rêve?	Vu poindre un espoir nouveau?
Sangloté suite à la trahison d'un ami?	Croisé un regard compatissant?
Regretté un de vos choix?	Grandi à la suite de cette erreur?
Ressenti la lourdeur de l'existence?	Flairé la légèreté de l'être?
Perçu la tourmente de l'abandon?	Soupçonné une indicible présence?
Traversé le désert de l'absence?	Saisi la sérénité de la solitude?
Supporté le désespoir de ne plus être aimé?	Accueilli l'amour de vous-même?
Pleuré jusqu'à en fendre l'âme?	Entendu le murmure de votre âme?
Touché à l'absurdité de la vie?	Découvert le « pourquoi » de votre existence?

CHAPITRE 2

Guérisseur blessé

Isabelle

Parmi les différents thèmes chers à Jean Monbourquette, celui du pardon m'apparaît encore comme le plus mystérieux. Jadis, sa seule évocation me plongeait dans un trouble certain. Au mot « pardon » était associée l'image d'un confessionnal sinistre, me rappelant ma dernière confession. J'avais quatorze ans. Le prêtre me demanda si j'étais pure. Je lui répondis, dans un élan de sincérité : « Bien sûr que non! » Il me questionna alors longuement pour savoir avec qui je commettais des actes d'impureté. Était-ce avec des garçons ou avec des filles? Dans ma naïveté de l'époque, je lui répondis : « Les deux! » Je ressortis de là avec un nombre considérable d'*Ave* et de *Pater* à réciter! Je compris alors le sens de sa question qui, évidemment, faisait allusion aux fautes d'ordre sexuel. Longtemps, je me suis gardée loin de ces lieux froids qui me semblaient dénués de toute chaleur humaine.

En 2001, pourtant, poussée par le désir d'approfondir ce thème, je participai à une session de dix jours intitulée « Comment pardonner? », animée par Henriette Doré-Mainville. Je souhaitais expérimenter le processus du pardon en moi, en saisir la dynamique pour pouvoir animer la session à mon tour et, surtout, essayer d'aller jusqu'au bout de la démarche. Ce n'est qu'en vivant ce pèlerinage intérieur à travers ma chair et mon corps que je pus en saisir toute la portée. Je compris, ce jour-là, que la première personne à bénéficier du pardon, c'était moi, et que ce chemin de pardon me menait au bonheur. J'avais cru que cette voie était pavée d'obligations morales et de réconciliation hypocrite, et qu'il me fallait d'abord faire plaisir à l'autre et refléter une image sociale positive. Voilà que je m'ouvrais à une tout autre dimension, je m'approchais d'un mystère que je n'ai pas encore fini de découvrir.

Un jour, un ami prêtre me faisait la remarque que l'on n'avait pas besoin d'étapes pour parvenir à pardonner. Selon lui, il suffisait de s'ouvrir à la grâce du Soi, Dieu pour les croyants. Aujourd'hui, à travers des milliers de témoignages et de remerciements reçus pour l'aide apportée par le livre *Comment pardonner?*, Jean et moi sommes persuadés que douze étapes sont nécessaires. Il se peut que certaines personnes reçoivent la grâce de pardonner sans emprunter ce parcours. Elles vivent alors ce que nous appelons une « expérience-sommet », et c'est tant mieux pour elles. D'autres, par contre, doivent se débrouiller tant bien que mal pour tenter de pardonner; souvent, elles se sentent coupables de ne pouvoir y arriver, et finissent parfois par abandonner.

Vous verrez dans les pages suivantes comment Jean a été amené dans sa vie à nous ouvrir une voie au pardon avec son livre *Comment pardonner?*. Avant ses conférences ou ateliers sur le pardon, je l'ai souvent entendu dire : « Qui suis-je pour parler du pardon? Je me sens bien petit devant ce mystère d'Amour pour l'être humain. Mais j'ai tellement envie de les faire goûter à cette paix! C'est vraiment le cœur de la religion chrétienne. »

Jean

Le pardon magique de mon enfance

Enfant, j'ai reçu, comme la plupart des petits Québécois de l'époque, une éducation chrétienne. Mais j'ignorais ce qu'était le pardon, et mes parents aussi. Mon père était d'origine acadienne.

Quand il était blessé par quelqu'un, il ne disait pas un mot, il boudait! Un jour, il se disputa avec mon oncle qui habitait la même rue que nous. Plus jamais il ne remit les pieds chez lui, pas même aux jours de fête ni à Noël, quand mon oncle nous invitait pour le traditionnel souper de famille. En général, les Acadiens ont la mémoire longue et cultivent une rancune tenace.

Par ailleurs, quand nous nous disputions entre frères et sœurs, ma mère nous obligeait à demander pardon et à nous embrasser, même si dans notre cœur la dispute était loin d'être terminée. Ce pardon était superficiel et imposé. À noter que le pardon chez l'enfant est plus spontané que chez l'adulte, l'enfant ayant souffert moins d'offenses dans sa vie. Dans nos cours de catéchèse, les éducateurs ne passaient pas beaucoup de temps sur le thème du pardon. Comme bien d'autres catholiques de l'époque, je récitais le *Pater* sans trop me questionner sur ses paroles de pardon : « Pardonne-nous nos offenses comme nous pardonnons aussi à ceux qui nous ont offensés. » Un bon nombre de pratiquants se hâtaient de pardonner à leurs offenseurs, pensant que le pardon de Dieu était conditionnel à leur propre pardon. Plus tard dans ma vie, je renversai ma compréhension de ces paroles : « Comme Dieu nous a pardonné, nous avons le pouvoir de pardonner à nos offenseurs. »

Ma première grande blessure et mes efforts pour pardonner

Une fois ordonné prêtre, j'avais la même conception du pardon que celle reçue dans ma famille. Il a fallu que je vive un immense deuil, une blessure assez profonde pour que je m'intéresse à nouveau au pardon. Une amie avec laquelle je travaillais en étroite collaboration à l'Université Saint-Paul m'a quitté pour créer un nouveau programme avec un autre professeur. Son départ me fit très mal. J'étais surtout blessé dans mon émotivité et mon orgueil de mâle. J'essayais de me raisonner et de lui pardonner dans la prière, mais je me réveillais le matin plein de colère et d'aversion contre elle. Je voulais en finir avec ce ressentiment qui me tenaillait jour et nuit. J'entretenais toujours la notion d'un pardon rapide et magique, comme une solution miracle à toutes mes aigreurs. Je me suis vite rendu compte que pardonner était plus difficile que je ne le pensais. C'était une réalité de plus grande envergure et bien plus profonde que je ne l'envisageais. C'était en fait une réelle « chirurgie du cœur ». La lecture sur le sujet n'apportait aucun soulagement à ma blessure encore vive. Tous les auteurs que j'ai lus escamotaient la blessure psychologique dans le cheminement du pardon. C'est la raison pour laquelle je continuai d'y réfléchir. Il m'apparaissait primordial de prendre soin de la blessure psychologique avant d'entreprendre une démarche spirituelle.

Pratique professionnelle et pardon

Dans ma pratique professionnelle, je rencontrais d'autres personnes elles aussi aux prises avec cette même difficulté, celle de se guérir d'une offense. C'est en essayant de démêler leurs confusions que je pris conscience de la complexité de la dynamique à la fois psychologique et spirituelle du pardon. Le pardon suit les lois du développement humain et de la maturation de la personne. Il en résulte que le cheminement du pardon engage toutes les dimensions de la personne : sensibilité, affectivité, intelligence, imagination, volonté et dynamisme de la foi chrétienne.

Je fus témoin de guérisons psychologiques, voire physiques et spirituelles à la suite d'exercices de pardon. Je recevais en psychothérapie un homme âgé de cinquante-cinq ans, professeur d'université. Il jouissait d'une profonde foi chrétienne. Le but de sa thérapie était de soigner sa détresse provenant de son acharnement au travail et de ses problèmes familiaux. Son fils souffrait d'une dépendance aux drogues dures; sa fille était follement amoureuse d'un jeune homme sans avenir; son épouse était alcoolique. Le stress professionnel et familial l'avait mené au bord de la dépression, en plus de lui occasionner des ulcères d'estomac. Or, en cinq sessions, mon client avait appris à se libérer de sa souffrance faite de déception, de frustration et de colère rentrée. Ce défoulement progressif, basé sur une acceptation de ses sentiments « négatifs », lui avait procuré un net soulagement. Lors d'une thérapie où je me sentais un peu à court de moyens, je m'étais avisé d'utiliser la technique de la chaise vide, ou plutôt *des* chaises vides, chacune d'elles représentant un membre de sa famille. Je lui suggérai alors de dialoguer et de pardonner à chacun des membres de sa famille. Ce fut une rencontre très émouvante. Plusieurs fois, mon client versa des larmes au moment d'accorder son pardon. Puis spontanément, sans avoir été sollicité, il demanda pardon à chacun d'eux pour ses nombreuses absences et son manque d'intérêt pour sa famille. Deux semaines après cette séance, il m'annonçait que ses ulcères s'étaient cicatrisés et qu'enfin, il avait trouvé la paix intérieure. Je me demandais comment expliquer la puissance curative du pardon, jusqu'à la guérison de maladies physiques.

Processus de libération intérieure

Cette expérience m'incita à entreprendre et à poursuivre une recherche sur la dynamique du pardon. Voilà trois ans que je traînais avec moi une blessure affective; je la ruminais et, malgré tous mes efforts et ma bonne volonté, je n'arrivais pas à me libérer de mon ressentiment. Parfois, au milieu de ce chaos intérieur, surgissaient quelques éphémères élans de miséricorde et de fugitifs moments de libération intérieure. D'autres fois, je sentais grandir en moi l'espoir de surmonter mon envie de vengeance, espoir vite éteint par des bouffées soudaines d'agressivité et d'amour-propre blessé. Malgré mes longues années de formation religieuse, philosophique, théologique, psychologique et pastorale, j'étais demeuré un apprenti dans l'art de pardonner. C'est alors que je décidai d'écrire sur le sujet. Je voulais découvrir une fois pour toutes ce qui bloquait ma démarche de pardon et quels en étaient les obstacles. Pouvais-je enfin espérer voir le bout du tunnel et vivre une paix intérieure?

Je structurai le processus du pardon en douze étapes, qui correspondaient à mon expérience et à celles de mes clients. La première chose qui m'apparaissait importante, c'était de refuser toute idée de vengeance, qu'elle soit active, comme la loi du talion : « Œil pour œil, dent pour dent », ou qu'elle soit passive, comme des attitudes de bouderie, de dénigrement, de silence, de sabotage du climat environnant. Cette vengeance passive est exercée par des manipulateurs. Sous des apparences de bonnes relations sociales, ceux-ci gèrent leur agressivité comme une dague cachée sous leur manteau et agissent avec beaucoup de cruauté. C'est ce que je redoutais le plus chez moi.

Avant d'aborder l'étude du pardon, il convient d'adopter comme option de vie une attitude de non-vengeance. Il faut également chercher des stratégies pour faire cesser tout acte offensant provenant de l'offenseur. Dans mon cas, j'ai prié pour me libérer de l'esprit de vengeance qui devenait obsessif en moi. J'ai compris que cet esprit était inutile, qu'il me ramenait constamment dans le passé et nourrissait mon ressentiment à l'égard de ma collègue. Ma douleur et ma souffrance s'en trouvaient alors attisées. Dans le cadre de ma pratique, je rencontrais aussi des femmes aux prises avec un mariage invivable où les maris blessaient constamment leur épouse. Je n'arrivais pas à me résoudre à inviter ces femmes à être fidèles à leur engagement, comme d'autres prêtres leur prescrivaient de faire. Pour ma part, je leur disais plutôt : « Ce n'est pas la volonté de Dieu que vous acceptiez votre état de victime! Essayez de faire cesser la conduite malveillante de votre mari, et si ce n'est pas possible, prenez vos distances. »

La vie en communauté m'a donné plusieurs occasions de mettre en pratique ce que je conseillais à mes clients. Un jour, j'ai entendu dire de deux sources différentes qu'un de mes collègues religieux, avec qui j'avais toujours entretenu des rapports cordiaux, me critiquait. En mon absence, il m'accusait auprès de confrères d'exiger de l'institution où lui-même travaillait des cachets excessifs. Je fus très peiné et indigné d'apprendre que ma réputation avait été ternie par des propos aussi sournois. Ma première réaction fut de ne pas donner suite à ces calomnies, mais me rappelant ce que j'enseignais aux autres, à savoir qu'il est impérieux de faire cesser les gestes offensants avant de pardonner, je pris ma plume et écrivis cette note : « Mon père, j'entends dire que vous parlez de mes prétendues exigences salariales, et tout cela dans mon dos. Est-ce vrai ou faux? Si c'est faux, jetez simplement cette lettre au panier. Si c'est vrai, je vous demande de cesser de répandre de tels propos à mon sujet. Si vous avez besoin d'explications, je suis prêt à vous en fournir, même si la question de mon salaire ne vous concerne d'aucune façon. » Mon confrère mit fin sur-le-champ à ses bavardages, et moi, je me sentis mieux disposé à passer l'éponge sur cette affaire.

Un autre incident assez banal, mais qui aurait pu dégénérer en conflit permanent, illustre bien la nécessité de faire cesser l'offense avant de pardonner. J'écoutais les nouvelles télévisées en compagnie d'une dizaine de confrères religieux. L'un d'eux découvrit une canette vide sur le plancher près d'une chaise. Sûr que j'étais l'auteur de cette négligence, il se leva tout indigné, prit la canette, la brandit dans ma direction et me dit sur un ton accusateur et hargneux : « À qui cette canette? » Inutile d'ajouter que l'impact de son geste se trouvait décuplé par la présence de nombreux témoins. Je n'étais pas sans apercevoir en même temps les sourires en coin de certains confrères, comme si ceux-ci n'attendaient que cet incident pour être confirmés dans leur préjugé que j'étais distrait.

Je pris la canette sans dire un mot, mais je bouillais de colère. Et jusqu'au coucher, je me payai le luxe de fantaisies de vengeance les plus raffinées les unes que les autres. Le lendemain matin à la méditation, je m'étonnai de l'importance que prenait en moi l'événement de la veille. En cherchant la cause d'un tel émoi, je découvris que de vieilles blessures passées s'étaient rouvertes. Je décidai d'écarter toute idée de vengeance et de rencontrer plutôt le confrère accusateur.

J'attendis le moment propice où je serais seul avec lui. Je lui fis part de mon humiliation et de ma colère à la suite de son accusation. À ma grande surprise, mon confrère s'excusa humblement, invoquant son extrême fatigue pour expliquer sa conduite. Puis, il se mit à me confier ses propres difficultés une heure durant. Mon ouverture avait, semble-t-il, provoqué la sienne. Une nouvelle intimité s'était créée entre nous.

Je compris alors le vieil adage : « Faute avouée est à moitié pardonnée. » En effet, au moment de son aveu et de l'expression de son regret, je sentis tout à coup fondre en moi tout ressentiment. Sans même avoir songé à le faire, je lui avais déjà pardonné. Notons tout de même qu'avant d'interpeller mon collègue, je m'étais bien préparé : j'avais prié, j'avais pris soin de bien peser les mots de mon intervention, j'avais formulé à l'avance mon message non accusateur en « je ». Ce faisant, je me protégeais de toute accusation blessante de sa part. Je lui livrai donc en toute simplicité ma réaction émotive de la veille. En outre, je m'étais disposé à l'écouter et à poursuivre le dialogue avec lui jusqu'à ce que nous puissions faire ensemble la lumière sur l'altercation.

Je compris aussi que l'ouverture à un ami thérapeute accélérait la guérison psychologique. Derrière mes émotions de colère, de révolte, d'indignation, se cachait une plaie à peine cicatrisée. J'aurais bien aimé l'oublier et faire comme si elle n'existait pas.

Un jour, je reçus une lettre d'un jeune homme qui voulait s'inscrire à l'université où j'enseignais. Il me demandait de lui fournir des renseignements sur un programme d'études dont j'avais la responsabilité. Or, cet étudiant avait oublié de me donner son adresse. Déjà inscrit dans un autre département de la même université, il pensait, je présume, qu'il n'était pas nécessaire de fournir ce renseignement. Tout bonnement, je décidai d'aller me procurer l'adresse en question chez le secrétaire qui détenait les dossiers des étudiants; cette démarche me semblait tout à fait normale. Mais à ma demande, le secrétaire prit un air hérissé et refusa de me fournir l'information demandée. Pis encore, il m'accusa de « maraudage universitaire » et me mit à la porte de son bureau. Encore sous le choc, je me rendais mal compte de ce qui m'arrivait. Je fus ensuite envahi par un fort sentiment d'indignation. Je me mis donc en frais d'écrire au recteur pour faire mettre au pas ce fonctionnaire insolent et même méprisant. Je finissais d'écrire ma lettre d'une plume trempée de vitriol, lorsqu'un confrère entra dans mon bureau. Je lui racontai ma déconfiture. Il m'écouta attentivement et me demanda à brûle-pourpoint : « Tu me sembles bien fâché! Je me demande quel point sensible le secrétaire a bien pu toucher chez toi… » Au premier abord, je trouvai sa question inopportune, voire impertinente. À la réflexion, cependant, elle me fit découvrir deux choses : le secrétaire avait mis en cause mon honnêteté professionnelle; il avait aussi réveillé en moi une vieille souffrance que je croyais bien oubliée. Cette prise de conscience des raisons de mon indignation produisit sur moi un effet des plus inattendus : à mon grand étonnement, ma colère et mon ressentiment s'évanouirent, au point que je n'eus plus envie d'envoyer ma lettre au recteur.

Comment un changement aussi subit avait-il pu s'effectuer en moi? Voici l'explication que je me suis donnée. Au moment du fâcheux incident, j'avais eu l'impression que toute ma personnalité avait été mise en cause. Par la suite, je compris que le secrétaire n'avait mis en doute qu'une seule partie de moi-même, mon honnêteté professionnelle. Cette découverte m'amena à porter un regard neuf sur ma blessure. En premier lieu, elle m'apparut moins énorme que je ne l'avais supposé. En second lieu, je découvris que mon trouble intérieur provenait moins de la toute fraîche altercation avec le secrétaire que d'une situation pénible que je n'avais pas encore réglée, celle de la blessure causée par le départ de ma collègue.

Après avoir expérimenté la guérison de mes blessures psychologiques, je me demandai comment faire le lien entre la psychologie et la foi, au moment où je recevrais la grâce de pardonner. J'avais lu qu'il fallait se pardonner à soi-même, et j'avais compris que se pardonner à soi-même consistait à harmoniser les deux parties de moi, celle qui m'accusait tel un bourreau intérieur et l'autre qui faisait de moi une victime, accablée par les accusations de la première. La partie accusatrice me condamnait d'entretenir un attachement trop intime à ma collègue. L'autre, la victime, souffrait et avait honte d'elle-même devant les attaques du bourreau. J'ai alors conçu une stratégie qui me permettait d'intégrer les deux parties en conflit. En faisant ainsi la paix entre elles, l'accablement que je ressentais avait passablement diminué. Le travail intérieur ou psychologique que je venais d'accomplir me rendait plus disposé à comprendre la personne qui m'avait blessé et à mieux saisir les motivations qui l'avaient poussée à me quitter.

« Tenter de comprendre, c'est entrer dans le pardon. » Oui, il me fallait prendre mes distances d'avec ma blessure et essayer de comprendre l'offenseur. Je repensais à mon père, à ses crises d'angoisses et ses éclats de colère que je trouvais inexcusables. Une conversation avec ma tante au sujet de son enfance me permit de comprendre que mon père avait dû s'acquitter de trop lourdes responsabilités pour un petit garçon de dix ans. D'où ses angoisses et ses peurs constantes de n'être pas à la hauteur de la situation, et sa tendance à se laisser envahir par la colère dès qu'il se sentait dépassé par les événements.

Une fois l'histoire de l'offenseur connue, il est plus facile de se mettre dans sa peau et de comprendre ses gestes offensants. Je me suis alors détaché de ma blessure pour donner un sens à cette expérience. Le sens est monté en moi : j'étais invité à m'accepter vulnérable et petit et, par conséquent, à mieux comprendre les autres dans leurs faiblesses. Psychologiquement, j'étais prêt à pardonner. Mais il y avait encore en moi des résistances que je devais vaincre, comme la peur de m'engager, la peur de me sentir encore petit, la peur de me sentir de nouveau rejeté.

Ouverture à la grâce du pardon

Je pris conscience que je me fiais trop à mon propre pardon et que le véritable pardon était une aventure spirituelle et religieuse. J'étais trop fier du pardon tel que je l'avais donné. C'est pourquoi je demandai à Dieu la grâce de pouvoir accueillir son pardon. Pour y arriver, je dus modifier l'image que je me faisais de Dieu. En effet, je gardais encore en moi des images d'un Dieu policier, vindicatif, justicier, d'un Dieu qui faisait peur. Je méditais souvent sur le Dieu du pardon, Celui qui m'aime sans condition. Dans mes méditations, je lui offrais le pardon qui s'était amorcé sur le plan psychologique. Je compris que je n'étais pas propriétaire du pardon, qu'il ne m'appartenait pas : c'est bien Dieu qui, en me pardonnant, pardonnait à ma collègue. Le pardon est un geste qui demande beaucoup trop de générosité pour que je puisse en être l'auteur. L'amour divin fait peur à l'ego, mais lorsqu'on se fie au Soi (l'âme habitée par le divin), on peut prendre n'importe quel risque pour s'aventurer dans le pardon intégral. Je me sentis tellement aimé de Dieu que, du coup, celui-ci me donnait la grâce d'aimer ma collègue. Il se passa alors une chose étrange : une grande paix, un grand calme se répandirent en moi. J'eus l'assurance que, cette fois, je lui avais bel et bien pardonné. Grâce à tout l'amour qui m'avait été donné, je pus enfin prier pour le bonheur de cette personne-là.

Réconciliation

Une originalité de la démarche de pardon que j'ai proposée est qu'elle n'impose pas de réconciliation avec l'offenseur. J'avais découvert que la démarche de pardon se faisait à l'intérieur de soi, indépendamment de l'offenseur. J'ai la ferme conviction que si la victime est en paix avec elle-même, remplie de la grâce du pardon, l'offenseur sera touché tôt ou tard par celle-ci.

Réflexion

Quand mon cœur n'accepte pas de pardonner...

Pour ne plus souffrir, mon cœur aigri et cuirassé
s'était promis de ne plus aimer.
J'ai beau lui demander de pardonner pour guérir,
il reste froid, muet, inaccessible.

Mon cœur comme une plante frileuse,
je l'ai exposé aux caresses du soleil.
Je l'ai arrosé de la fine tendresse de la pluie.
Je l'ai nourri de présence chaleureuse.

Comme un enfant fiévreux et boudeur,
je l'ai bercé, je l'ai consolé,
je lui ai raconté des histoires d'amours ravivées.

Mon cœur voudrait me croire.
Il s'ouvre à peine, timide et apeuré.
Il vacille entre le goût d'aimer encore
et le besoin de protéger sa fierté blessée.

Puis il se permet d'avoir mal et de pleurer.
Il touche sa honte et son être humilié.
Le chemin de la souffrance serait-il le seul
à le conduire à se pardonner et à pardonner?

(*Comment pardonner?*, 2001, p. 79.)

Isabelle

Demander pardon sans s'humilier

Dans cet ouvrage, Jean et moi avons repris le thème du pardon, cette fois-ci dans la perspective de l'offenseur. Un autre titre aurait tout aussi bien convenu : *Mais où donc sont les offenseurs?*. En effet, tant de gens se reconnaissent comme victimes, mais bien peu comme offenseurs! C'est à la demande de victimes que nous avons écrit ce livre, celles-ci souhaitant un ouvrage pour les offenseurs afin qu'eux aussi puissent être guidés dans leur démarche conduisant au pardon. Ce livre est le corollaire à *Comment pardonner?*. Moins populaire que ce dernier, il a cependant le mérite de faire prendre conscience que parfois nous avons à demander pardon.

Nous savions en l'écrivant qu'il n'aurait pas beaucoup de succès, mais qu'il serait un livre de fond et qu'il ferait son chemin. Quel ne fut pas notre étonnement de le voir traduit en espagnol, en portugais et en chinois!

Pour conclure ce chapitre, voici un texte présentant nos demandes de pardon entremêlées, de quoi peut-être donner des idées à ceux qui n'ont pas conscience qu'ils auraient à faire une demande de pardon…

Je demande pardon

Pour avoir recherché une compensation dans la nourriture
Pour avoir voulu être en avant de toi et passer d'abord
Pour avoir entretenu des rumeurs
Pour t'avoir méprisé et regardé de haut
Pour ne pas avoir admiré les exploits des autres
Pour m'être vanté
Pour avoir médit sur les personnes qui m'étaient antipathiques
Pour avoir cherché à te garder pour moi
Pour mes réactions revanchardes
Pour n'avoir pas tenu ma promesse
Pour mon indifférence envers certains
Pour t'avoir jugé et enfermé dans mes limites
Pour avoir favorisé le travail et négligé les exercices spirituels
Pour avoir jalousé tes connaissances
Pour avoir été égoïste dans mes amitiés

Pour avoir voulu rentrer dans ton espace et m'y installer
Pour être tombé trop souvent dans la compétition
Pour avoir cherché à séduire
Pour avoir manqué de transparence
Pour m'être cru supérieur aux autres
Pour avoir eu peur de m'exprimer devant des injustices
Pour m'être tu par facilité ou par lâcheté par peur du rejet
Pour avoir manqué de compassion
Pour avoir préféré le cocooning à l'engagement
Pour avoir humilié
Pour n'avoir pas cru à tes marques d'amour
Pour avoir exercé la passivité dans les relations personnelles
Pour avoir trafiqué la vérité et pour l'avoir tournée
     à mon avantage
Pour ne pas avoir pris de loisirs sains
Pour n'avoir pas accepté les projections de mon ombre
     et préféré accuser les autres
Pour ne pas avoir tenu compte de ma santé par souci
     de travail
Pour n'avoir pas accueilli mes intuitions par peur d'avoir
     à les suivre
Pour avoir suivi les images proposées qui m'ont fait dévier
     de ma mission
Pour avoir voulu être à l'origine de moi-même sans tenir
     compte de ta Présence
Pour avoir favorisé l'ego au détriment des intuitions du Soi.

(J. Monbourquette et I. d'Aspremont,
Demander pardon sans s'humilier, 2004, p. 120-122.)

CHAPITRE 3

Éclaireur de l'ombre

Isabelle

Un jour, je donnais une formation sur le deuil au personnel soignant d'une maison de repos. Or, une des participantes refusait obstinément de suivre les exercices proposés. Bras croisés, visage fermé, ton agressif, elle s'opposait à tout ce que je disais. À la fin de la journée, j'étais littéralement épuisée. Rentrée chez moi, j'écrivis un courriel à Jean pour lui demander quoi faire avec cette contestataire. Jean m'a alors posé une question : « N'étais-tu pas, toi aussi, rebelle dans ta jeunesse? » Après un moment de protestations intérieures, je me suis vue dans la conduite de la participante rebelle et j'ai compris! La rebelle en moi avait été bien refoulée depuis mon adolescence tumultueuse, et voilà que je la projetais sur la participante récalcitrante. J'appris d'elle à progresser dans l'affirmation de moi-même. Mes comportements passés et mes agissements trop souvent rebelles s'éclairaient enfin à la lumière de la théorie de l'ombre.

Appuyé sur la conception du psychisme de Carl Jung, Jean Monbourquette a conçu un schéma de la personnalité composé des instances du Soi, de l'ombre, du moi et de la *persona*. Ce schéma doublé de la connaissance théorique de l'ombre et de ses manifestations devinrent pour moi une nouvelle clé de lecture de la personnalité et un nouveau système de référence en psychologie.

Je pouvais dorénavant y rattacher mes divers fonctionnements et dysfonctionnements, et certaines de mes expériences de vie.

Initiée par Jean à ce curieux phénomène de l'ombre, je ne cessais d'en observer la pertinence chez moi, chez mes clients ou chez les participants aux sessions données sur le sujet. Je me transformais peu à peu en une « thérapeute de l'ombre », passionnée de tout ce que je découvrais chez les autres.

Que de personnes épuisées n'ai-je pas rencontrées, fatiguées d'avoir à lutter contre elles-mêmes! Certaines d'entre elles vont même jusqu'à tomber dans la dépression ou se laisser gagner par le burn-out, comme si leur « moi » avait capitulé sous la pression trop forte exercée par la *persona*, instance subissant les attentes du monde extérieur, et la poussée de leur ombre.

Pour rencontrer notre ombre, Jean nous convie à adopter certaines attitudes. La principale est l'humilité : elle nous permet de reconnaître comme acceptable ce que nous considérons comme inacceptable en nous. En effet, il est humiliant pour l'ego de découvrir un aspect de son ombre.

> […] Que ferais-je si je découvrais que le plus petit de tous, le plus pauvre de tous les mendiants, le plus exécrable de tous ceux qui m'ont offensé se trouvent à l'intérieur de moi-même et que c'est moi qui ai besoin de l'aumône de mon amabilité, que c'est moi l'ennemi qui réclame mon amour?
>
> C.G. Jung, *Psychology and Religion*, p. 24.

Dans le cadre de mes ateliers, lorsque j'expose la théorie de la projection de l'ombre, un brouhaha de protestations s'élève souvent dans la salle. Les participants réagissent avec véhémence : « Vous n'allez pas me dire que je porte en moi ce défaut-là! C'est impossible! Ça ne peut être aussi simple que cela!… » À ces contestations, je réponds inlassablement : « Il n'existe pas de test psychologique plus précis pour vous connaître que celui de la projection de l'ombre, que vous la fassiez sur une personne, un animal ou sur une chose de votre entourage. »

Jean ne s'est pas contenté de développer la théorie de l'ombre. Il a également mis au point des exercices concrets permettant à ceux et celles qui le désirent de se familiariscr avec leur ombre, de l'accueillir et de lui donner la place qui lui revient. Tout au long de sa vie, il a pratiqué pour son propre compte les exercices proposés.

Jean est un homme de la pénombre et de la nuit. Il travaille les rideaux fermés dans une semi-obscurité, et se promène à la brunante. L'obscurité tombée, il quitte sa vie de labeur et de sérieux pour s'adonner alors à ses loisirs et se laisser aller un peu. Sa vie nocturne lui permet de rejoindre des parties de lui-même encore ombrageuses, même si, comme vous le lirez plus loin, il en a déjà apprivoisé quelques-unes!

Jean

Découverte de l'ombre et de son rôle dans la personnalité

Dans les années 1970, je suivis un cours portant sur la psychologie analytique de Carl Jung. J'y ai découvert une nouvelle clé de lecture de la personnalité. Depuis, mon intérêt et ma fascination pour la réalité incontestable de l'ombre ne se sont en rien altérés; au contraire, j'ai pu constater à maintes reprises combien l'exploration de l'ombre aux divers passages importants de ma vie sociale favorisait ma croissance personnelle et celle de mes clients. La compréhension de l'ombre avec ses mécanismes, ses caractéristiques, ses invitations à en tenir compte et surtout à l'apprivoiser m'a convaincu de son importance dans la construction de moi-même. J'ai pu, à l'occasion de conférences et d'ateliers, partager mon enthousiasme quant à la découverte et à l'utilisation de l'ombre en faveur du « Connais-toi toi-même ». J'y ai trouvé une source de sérénité, d'harmonie et de paix. Pour moi, la découverte de l'ombre est un premier pas vers l'humilité dans ma croissance personnelle.

L'ombre, sa définition

L'ombre, c'est le côté caché de soi-même, donc inconnu à la conscience. Cette instance de la personnalité est constituée de toutes les qualités, les habiletés, les émotions et les sentiments qui n'ont pas été développés chez soi ou qui ont été refoulés parce qu'on ne les jugeait pas acceptables.

Très tôt dans la vie, j'ai appris à reconnaître ce que mon entourage appréciait chez moi. Pour être aimé, reconnu, accepté, admiré par ma mère, mon père, mes éducateurs et la société en général, j'ai cherché à correspondre à toutes leurs attentes. J'ai voulu me conformer à un idéal de perfection et je me suis mis à porter des masques. Petit à petit, j'ai dû faire des concessions sur ma vie intérieure et refouler mes propres potentialités au profit de la conformité et de l'adaptation sociale. Cette personnalité sociale que j'ai épousée s'appelle en psychologie « la *persona* ». Or, cette instance de la personne est exactement le contraire de celle de l'ombre. Au bout d'un certain nombre d'années, souvent vers le mitan de la vie, l'ombre se met à réagir tel un volcan. Elle est pleine d'énergie, porteuse de toutes les richesses intérieures refoulées. Elle veut se dire et s'actualiser. Si on ne l'écoute pas, elle va se manifester sous forme d'angoisse, d'anxiété, d'obsession, de compulsion, de fascination, de projections, soit attractives, soit répulsives. À l'opposé de certaines croyances, cette puissance d'expression de l'ombre est bienveillante à mon égard : elle cherche à me faire évoluer; elle m'appelle à devenir le plus possible moi-même, à compléter et à enrichir ma personnalité encore inachevée, alors que la *persona* me fait répondre à un idéal de perfection bien souvent illusoire.

J'en ai fait l'expérience lorsque j'étais professeur à l'Université Saint-Paul. Un jour, à la suite de l'embauche par les autorités d'un aumônier unilingue anglophone, je dénonçai publiquement le peu de respect pour le bilinguisme à l'université. Le recteur de l'époque m'informa que j'allais recevoir une lettre de blâme du conseil exécutif. Je fus alors saisi d'une profonde angoisse : « Comment moi, un bon garçon, un professeur, un psychologue, un prêtre… comment avais-je pu faire une telle gaffe? Et en public par-dessus le marché! » Ce soir-là, je m'étendis dans ma chaise longue et pendant une heure j'écoutai mon anxiété. Vers la fin, j'entendis une voix qui me disait : « Tu as le droit de dénoncer ce que tu vois. Tu as le droit de dévoiler une injustice. » À force de me répéter tranquillement cette même phrase, mon anxiété se transforma peu à peu en enthousiasme.

Mon frère, mon double, mon contraire… mon ombre

Un atelier du penseur et poète américain Robert Bly, intitulé « Manger son ombre », m'a aidé à creuser mon ombre personnelle. Il m'a permis de comprendre que c'est à l'encontre de mon frère que celle-ci s'était formée, dès mon plus jeune âge. J'ai aussi pris conscience d'où provenait une partie de mes angoisses dès que je rencontrais un homme en boisson, un délinquant, un homme au discours dissolu. En même temps, je prenais conscience d'un curieux phénomène, celui de la fascination : j'éprouvais en effet à la fois de l'attirance et de la répulsion pour ces personnes.

Enfant sage, obéissant et avenant, je répondais aux attentes de mes parents et de mes éducateurs. Mon frère Marc, lui, n'obéissait jamais. Mon père piquait des colères noires contre lui. Je ne voulais en rien lui ressembler, espérant par là attirer à moi seul l'affection et la confiance paternelles. Pour éviter de devenir comme mon frère, j'ai développé des qualités et des traits de caractère totalement opposés aux siens.

Marc était un piètre étudiant; j'aimais étudier, travailler et réussir. Marc avait de la difficulté à garder un emploi; j'étais persévérant et appliqué dans le travail qui m'était confié. Marc aimait s'amuser, aller dans les bars avec ses amis, boire et séduire les jolies filles; chez moi, le sérieux passait toujours bien avant le loisir. Marc était parfois de mauvaise humeur; moi, j'étais doux et sensible comme ma mère aimait que je le sois.

Je me suis réellement éduqué contre mon frère, en m'efforçant de faire le contraire de ce qu'il faisait. Il était devenu en quelque sorte mon ennemi intérieur : tout ce que je voyais en lui, tout ce que j'entendais de lui, tout ce que je ressentais chez lui me poussait à faire exactement le contraire.

Je tiens cependant à dire que je me suis réconcilié avec Marc à la fin de sa vie. Je lui ai rendu le droit d'aînesse que je lui avais subtilisé.

L'ombre, une clé pour l'analyse des rêves

Une nuit, je me vis enserré par un cobra qui s'apprêtait à me mordre. Saisi de peur, je me réveillai en sursaut. J'interrogeai alors le cobra afin de savoir pourquoi il cherchait à me mordre. Il me répondit : « Tu es trop pacifique, tu manques de combativité. C'est pour cela que je veux te détruire. » J'avais bien compris son message, surtout qu'à ce moment-là je vivais des situations pénibles. Je commençai à négocier avec le cobra : « Je te donne un peu de mon esprit pacifique en échange de ton esprit combatif. » Peu après, je ressentis monter en moi une nouvelle énergie ainsi que le courage de régler moi-même mes problèmes. Je venais par là d'échapper à l'épuisement professionnel qui me guettait.

À un moment donné, mon frère Marc apparaissait souvent dans mes rêves. Une nuit, il me poursuivait à vive allure avec sa voiture et cherchait à me frapper, à me battre ou à me faire culbuter. Or, pour éviter d'être renversé, je m'élevai haut dans les airs, à une trentaine de mètres. À mon réveil, j'eus le sentiment d'y être resté suspendu. Quelques jours plus tard, je m'endormis au volant de ma voiture et dégringolai dans un ravin. Je me retrouvai étendu sur le plancher de la voiture, indemne, mais recouvert de parcelles de verre. Puis, j'entendis une voix me dire : « Enfin, tu as atterri sans te tuer! » À partir de là, chaque fois que mon frère m'apparaissait dans un rêve, je prêtais une attention particulière au message qu'il m'envoyait. Je devenais de plus en plus convaincu que mon ombre en savait plus que moi sur le déroulement de ma vie. À deux reprises, elle m'avait averti de dangers possibles.

Anna, mon étudiante et... mon ombre

Lors d'une rentrée universitaire, je me fis aborder par une étudiante qui me demanda à brûle-pourpoint : « Êtes-vous le père Monbourquette? — Oui, c'est moi », lui répondis-je. À ces mots, elle s'empressa de répliquer : « Oh! je suis si contente de vous rencontrer! Je me suis inscrite à votre cours, il paraît que vous êtes un puits de science et de sagesse! » Difficile de résister à de tels compliments! J'acceptai donc ceux-ci du haut de ma hauteur de professeur, d'écrivain et de superviseur. Au début de chaque cours, Anna me posait des questions, auxquelles je répondais, comme il se devait, avec condescendance, vu le puits de science et de sagesse que je représentais. Du même coup, je méprisais un peu Anna qui, de son côté, se montrait ignorante, soumise, prête à suivre aveuglément tous mes enseignements. Puis un beau jour, fatigué par ses questions, je me mis à me moquer d'elle et de ses questions. Les choses commencèrent à se gâter. Anna se sentit humiliée par mon ironie. Son attitude changea du tout au tout. Elle me harcelait de questions agressives, dans le but de me faire perdre la face. Pour ma part, je lui proposais des réponses qui ne la satisfaisaient jamais. Je finis par la traiter d'ignorante hystérique, mais elle ne me lâchait pas et me poursuivait avec ses colles, me poussant dans mes derniers retranchements. C'est à ce moment-là que je dus recourir à l'assistance d'un collègue thérapeute pour me sortir de ce cercle infernal et essayer d'y voir clair dans cette relation conflictuelle. L'ambiance de la classe s'était détériorée, les étudiants en avaient assez de nos joutes quotidiennes.

Mon thérapeute me demanda si Anna me faisait peur. Je protestai aussitôt : « Non, elle ne me fait pas peur, cette ignorante-là! » Mais j'avais répondu un peu trop vite et un peu trop fort. En rentrant chez moi, je pris conscience qu'en effet j'avais peur d'elle. J'avais peur qu'elle découvre mes manques de connaissances et les révèle à tous mes étudiants. Je compris soudainement que je projetais sur elle mon trait « ignorant ». En tant que professeur, je montrais « celui qui savait », l'omniscient, le satisfait de lui-même. Mon côté obscur, que j'appelle encore aujourd'hui « mon ignorant », n'avait aucune place dans ma vie.

Durant les deux semaines suivantes, je méditai sur l'ignorant en moi, je le fréquentai et il me révéla que lui, il désirait encore apprendre.

De retour en classe pour donner mon cours, je dis à « mon ignorant » de s'occuper d'Anna qui me poursuivait toujours avec le même acharnement. À la première question de l'étudiante, je cédai la place à « mon ignorant » et lui dis : « Réponds-lui, toi! » Il dit tout simplement à Anna : « Je ne sais pas. Tu pourrais poser la question au groupe, peut-être que quelqu'un connaît la réponse. » Revirement de situation! J'agissais comme un animateur de groupe, et plus comme un informateur rigide. Une réponse fut trouvée. Comme à son habitude, Anna continua à me poser des colles. « Mon ignorant » lui répondit : « Anna, lorsque quelqu'un pose une question, c'est qu'il a un début de réponse. Peux-tu fournir un élément de réponse à ta question? » Anna s'exécuta et je la félicitai. Je lui reconnaissais son intelligence et moi, je reconnaissais une partie de mon ombre, mon impuissance à tout connaître. J'avais fait un pas vers l'humilité. L'ambiance de la classe changea radicalement. La paix était enfin revenue. Anna et moi sommes ressortis enrichis de cette expérience.

Depuis ce jour, j'ai appris à dire « je ne sais pas ». L'angoisse d'avoir à montrer mon manque de savoir m'a quitté, je me suis enfin reconnu le droit de ne pas tout savoir. La reconnaissance de son ombre est une tâche sans cesse à accomplir, car rien n'est jamais entièrement acquis.

La communauté, lieu par excellence des projections

Par la suite, je me mis à porter attention aux personnes qui m'énervaient ou qui me semblaient agressives à mon égard. Ces indices me mettaient sur la piste d'une manifestation de mon ombre. Je me posais toujours la même question : « Qu'est-ce que je peux apprendre de l'attitude ou de la conduite de cette personne? »

Chaque fois qu'il me croisait, Yves, un confrère, me donnait une bonne tape sur l'épaule ou profitait de ma présence pour me raconter une blague bien salace, s'esclaffant alors d'un gros rire gras. J'étais horrifié. Il faut dire que j'ai été éduqué par des femmes et que ma mère avait l'habitude de louer ma sensibilité, ma douceur et mon affabilité. J'avais évidemment bien développé ces traits de caractère. Je ne comprenais pas comment on avait pu admettre chez les oblats un homme aussi rude doté d'un langage de charretier! Ne supportant plus de rencontrer Yves, je faisais tout pour ne pas me trouver sur son chemin, souhaitant à tout prix échapper à cet amas de vulgarité. Mission impossible! J'avais beau scruter les environs, éviter les lieux de rencontre éventuelle, je le croisais inévitablement. La situation devint intenable. Je devais absolument trouver une solution à mon problème. Je me doutais bien qu'il s'agissait d'un problème intérieur, mais je n'arrivais pas à discerner en moi une once de vulgarité! Pourtant, en réfléchissant davantage à cette projection, je réalisai combien j'avais peu développé mon côté masculin, qui aspirait pourtant à se manifester. Or, en l'intégrant peu à peu à ma personnalité, je me sentis de moins en moins gêné de ces grivoiseries. Je devins moi aussi capable de franches empoignades verbales et de plaisanteries graveleuses. Cela m'aida énormément dans mes rencontres avec des gens d'une grande simplicité, avec des détenus par exemple.

Charles, un autre de mes confrères, avait l'habitude de boire un coup dans l'après-midi. Je me surpris à parler de lui, à m'énerver de sa conduite, à vouloir le dénoncer et même à aller vérifier la quantité de boisson qu'il avait prise! D'autres confrères observaient comme moi son alcoolisme mais me semblaient plus indifférents, plus philosophes devant ces abus. Moi, il m'obsédait. J'y pensais constamment, au point que rien de sa conduite ne m'échappait. Je dus cependant finir par admettre ceci : un alcoolique potentiel habitait en moi! Petit à petit, je me mis à le côtoyer. Des souvenirs de mon père alcoolique me revenaient. Je me voyais adolescent, me promettant que jamais, au grand jamais, je ne boirais d'alcool. Je me l'étais tout simplement interdit. Stupéfait, je découvrais que l'alcoolique en moi se manifestait soixante ans plus tard! Qu'est-ce que je pouvais bien apprendre de lui? Je n'allais évidemment pas devenir un buveur, d'autant plus que mon état de santé me l'interdisait. Peu à peu, je réalisai à quel point je menais une vie d'ascète : travail acharné, vie sérieuse, avec bien peu de loisirs et d'amusements. Boire raisonnablement m'aurait appris à me détendre, à être plus *cool*, à m'amuser et, plus encore, à me dévoiler davantage, à quitter cette maîtrise de moi-même que je manifestais dans ma vie en communauté. Plus j'acceptais de reconnaître l'alcoolique en moi, plus je dialoguais avec lui, plus j'étais attentif à ses besoins, plus je lui donnais de l'espace à l'intérieur de moi… et moins j'accusais Charles.

En reconnaissant, en acceptant et en intégrant l'alcoolique en moi, je sortis de la condamnation de mon confrère et éprouvai pour lui une réelle compassion.

Isabelle

L'ombre collective et le bouc émissaire

Outre l'ombre individuelle, existe-t-il une ombre collective? Je vous livre ici la réponse à cette question en rapportant quelques extraits d'un article intitulé « Faut-il pardonner aux terroristes du 11 septembre 2001? » et écrit par Jean Monbourquette à la suite de cette tragédie. Il nous y explique ce qu'il faut entendre par l'ombre collective.

[…] L'ombre collective est le propre d'une communauté. Elle renvoie à ce qu'une collectivité s'est interdit pour se conformer à la culture et aux mœurs environnantes. L'ombre tant individuelle que collective est inconsciente. Par contre, elle tend d'une façon obsessionnelle à se faire reconnaître et à s'exprimer. Elle se fait sentir sous forme de malaise qui va jusqu'à l'angoisse.

Le moyen de soulager l'angoisse de l'ombre refoulée, c'est de projeter le matériau refoulé sur un autre individu ou sur une autre collectivité. […] En sociologie, ce mécanisme de défense prend la forme du phénomène d'un bouc émissaire choisi par une collectivité. […]

Par ailleurs, l'ombre collective joue le rôle d'unification d'une société donnée; tous ensemble, on s'unit contre un ennemi commun. Elle risque cependant de prendre des proportions monstrueuses si jamais on la transposait à l'échelle d'une nation ou même d'une religion. […] N'est-ce pas là l'origine de nombreux conflits armés et de guerres de religion de l'histoire?

Les islamistes possèdent tous les traits d'une ombre collective qu'ils projettent sur le monde occidental : ils parlent d'« infidèles », donc d'« insoumis » à la loi divine exprimée par le Coran. Les infidèles, ce sont les « boucs émissaires » chargés de toutes les fautes dénoncées et punies par l'Islam : l'athéisme, la libre pensée, l'indifférence religieuse, la corruption des mœurs, la consommation de boisson, la débauche, l'infidélité, l'émancipation de la femme, etc. La moindre différence devient une menace pour son identité.

[…] Les projections de l'ombre collective sont loin d'être inoffensives. Elles engendrent une colère contre les boucs émissaires d'un ordre mythique, à savoir une rage sacrée. […]

Pour résoudre cette situation de conflit, il faudrait d'abord que les islamistes eux-mêmes prennent conscience de la projection de leur ombre et puissent la réintégrer. Ils auraient toutes les possibilités de le faire s'ils faisaient confiance aux mystiques musulmans qui conçoivent l'ombre comme « un combat intérieur » qui vise à se débarrasser de « l'ennemi intérieur », c'est-à-dire de leur ombre. [...] Il faudrait que les musulmans modérés puissent convaincre leurs frères extrémistes que le mal n'est pas dans autrui, mais en eux-mêmes.

« Faut-il pardonner aux terroristes du 11 septembre 2001? »,
dans *Prêtre et Pasteur*, avril 2002, p. 234.

À la suite de Neumann, Jean Monbourquette croit que de l'intégration de l'ombre naîtra une nouvelle éthique permettant aux nations de reconnaître leurs propres tendances perverses au lieu de les projeter sur autrui.

Il est particulièrement étonnant pour Jean de constater que les programmes de résolution de conflits n'enseignent rien sur le rôle de l'ombre ou sur la place des projections. Or, une solution possible aux conflits réside dans l'apprivoisement de l'ombre. Pour y arriver, il faut toujours se poser la question préalable : « Qu'est-ce que j'ai à apprendre de cet autre qui me fait peur? » tant dans les relations interpersonnelles qu'au sein d'une institution, d'une nation, d'une ethnie, d'une culture, etc.

Permettons-nous un instant d'imaginer et de souhaiter la venue d'un monde rayonnant de toutes les diversités!

Réflexion

L'amour de l'ennemi en moi

Un jour de sabbat, le fils d'un rabbin alla prier dans une autre synagogue que celle de son père. À son retour, le rabbin lui demanda : « Eh bien, as-tu appris quelque chose de nouveau? » Et le fils de répondre : « Oui, bien sûr! » Le père, un peu vexé dans sa fierté de rabbin, reprit : « Alors, qu'est-ce donc qu'ils enseignent là-bas? — Aime ton ennemi! » dit le fils. Le père s'empressa de répliquer : « Ils prêchent la même chose que moi. Comment peux-tu prétendre avoir appris quelque chose de nouveau? » Le fils répondit : « Ils m'ont appris à aimer l'ennemi qui habite en moi, alors que je m'acharne à le combattre. »

(Apprivoiser son ombre, 2001, p. 10.)

CHAPITRE 4

Médecin de l'âme

Isabelle

Qui ne s'est pas un jour posé la question : « Mais qu'est-ce que je suis venu faire sur cette terre? » Y répondre, c'est trouver sa place. La sienne, pas celle d'un autre! Et c'est aussi, par le fait même, découvrir son projet de vie.

Cette question, je me la suis posée maintes et maintes fois. Surtout à quarante ans où, après une longue formation en Personnalité et relations humaines, je réalisais que je devais de nouveau changer de voie. De plus, mon couple battait de l'aile. J'étais complètement perdue, je me sentais comme une trapéziste qui, ayant lâché son trapèze, est suspendue dans le vide et n'a pas d'autres trapèzes où elle pourrait s'accrocher. Moment bien troublant! Et pourtant, c'est de ce vide qu'est montée ma mission.

À l'occasion d'une retraite en Israël, je me retrouvai un beau matin, seule, au bord de la mer. Celle-ci était calme; une légère brise me caressait le visage. J'apercevais au loin un berger qui gardait ses moutons. Un silence bienfaisant m'entourait. Je venais d'échanger avec des amis sur les deuils de ma vie, surtout celui de ne plus pouvoir avoir d'enfants et, pour une fois, j'étais en paix. Puis tout à coup, j'entendis en moi ces paroles : « Isabelle, tu peux donner la vie autrement! »

Au fil des ans, « donner la vie autrement » a pris tout son sens. En m'appuyant sur les thèmes développés par Jean Monbourquette et sur sa vision de l'être humain et de la spiritualité, mon travail d'animatrice consiste à aider les personnes à trouver leur chemin intérieur et à rejoindre la Vie en elles.

Aujourd'hui encore, trop de personnes cherchent à l'extérieur d'elles-mêmes ce qu'elles doivent réaliser dans leur vie. Elles multiplient les visites chez les gourous sans réussir à trouver des réponses. Bien sûr, il importe de se faire confirmer dans sa mission par quelqu'un de compétent dans le domaine, mais c'est toujours seul qu'on découvre sa mission personnelle.

Dans son livre *À chacun sa mission*, Jean Monbourquette rappelle que c'est seulement en suivant les méandres de notre rivière intérieure que nous découvrirons notre mission. Fort de la théorie de Viktor Frankl voulant que l'homme sorte de son vide existentiel pour donner un sens à sa vie, Jean nous invite à nous engager dans une quête spirituelle en trois temps : faire le deuil de son passé et pardonner les blessures subies, découvrir son identité profonde et concrétiser sa mission. Un des aspects les plus étonnants de la mission est qu'elle découle bien souvent des différentes pertes de la vie. Après avoir fait le deuil de celles-ci, un sens émerge de nos pertes et nous guide vers la réalisation de notre mission. Nous devenons alors des passionnés, enthousiasmés par un genre d'activité, utiles à la communauté.

Comme toujours, Jean nous propose des stratégies plus diversifiées les unes que les autres pour atteindre l'objectif fixé au départ. J'ai toujours été étonnée de l'efficacité de telles stratégies. Certains les taxent de simplistes, mais il ne faut pas se fier aux apparences. Qui choisit de les exercer et de les vivre sera extrêmement surpris de ses découvertes. C'est en persévérant qu'un nombre impressionnant de lecteurs et de lectrices ont fini par découvrir leur mission!

Les pages qui suivent vous permettront d'apprendre comment Jean Monbourquette a démêlé pour lui-même le fil conducteur de sa mission et l'intelligence divine qui en sous-tend la découverte.

Ce que Dieu murmure à la rose
pour la faire s'épanouir dans toute sa beauté,
mille fois il le crie à mon oreille.

(RUMI, cité dans *À chacun sa mission*, 1999, p. 47.)

Jean

Mon enfance

Enfant, je rêvais d'être un savant dévorant de gros livres. J'avais toujours peur d'en manquer! J'adorais les études, mais je ne savais pas trop ce que je ferais dans la vie. Je refusais obstinément de devenir cardinal, comme l'aurait souhaité ma grand-mère Amanda. J'avais tout de même un rêve : devenir un de ces itinérants perchés sur le toit d'un wagon de train que je regardais voyager en toute liberté. J'avais alors cinq ou six ans.

Dès mon très jeune âge, je crois que j'étais déjà un psychologue en herbe. J'observais les grandes personnes, je me demandais ce qui pouvait bien se passer entre elles pour qu'elles agissent comme elles le faisaient. Lors des nombreuses disputes entre mon père et mon frère, je me posais beaucoup de questions et tentais de les réconcilier, même si je me sentais bien impuissant devant eux.

Mon adolescence

Adolescent plutôt timide, bon garçon, pieux, je fis mes études classiques au Petit Séminaire de Saint-Jean. Quand un livre de psychologie me tombait entre les mains, *Le traité de caractérologie* de René Le Senne, par exemple, je le dévorais et cherchais à en trouver des applications chez mes collègues et professeurs. Je ressentais aussi le besoin de comprendre ce qui amenait les hommes et les femmes à penser ce qu'ils pensaient, à réagir comme ils réagissaient et à se conduire d'une façon plutôt que d'une autre.

Jeune adulte

Plusieurs de mes confrères de classe choisissaient la prêtrise. J'avais une grande admiration pour cet appel au sacerdoce. En même temps, j'étais attiré par la psychologie, je voulais être un soignant. Mais quel type de soignant? Je l'ignorais.

À la fin de la deuxième année de philosophie, un jour était désigné pour le dévoilement par les finissants de leur vocation. J'avais alors dix-neuf ans. Réunis dans une salle de classe, nous devions, chacun à notre tour, aller écrire au tableau notre vocation. Lorsque vint mon tour, j'écrivis : « médecin ». Et après avoir fait quelques pas pour regagner ma place, je retournai au tableau et ajoutai : « … des âmes ». Ma vocation : « Médecin des âmes »! Je ne me doutais pas à ce moment-là que je deviendrais prêtre, avec une mission tout à fait spéciale. Je ne soupçonnais vraiment pas toute la portée de mon intuition de grand adolescent. L'idée de ma vocation était encore imprécise et confuse, même si elle me tenait à cœur et occupait la presque totalité de ma vie.

Ayant passé quelques jours au monastère de Richelieu chez les oblats, j'avais pu observer la grande fraternité et la franche collaboration qui régnaient entre les pères et les frères. Je décidai : « Je veux faire partie de cette équipe d'hommes et de missionnaires. » À l'âge de dix-neuf ans, j'entrai donc au noviciat, le 23 juillet 1953. L'année suivante, je prononçai pour un an mes vœux de pauvreté, de chasteté et d'obéissance.

À cette époque, durant l'année de noviciat, aucune étude profane n'était permise. Nous étudiions la Bible et lisions des livres de spiritualité. Nous y apprenions l'art de prier et étions formés aux traditions oblates. Je me souviens qu'un jour, n'en pouvant plus de cette vie, je me demandai : « Mais qu'est-ce que je suis venu faire ici? » J'allais passer mes moments de cafard au bord de la rivière Richelieu. L'eau des rivières, des lacs et des océans a toujours été pour moi une source de consolation.

Peu à peu, je me réconciliai avec cette vie silencieuse, la récitation du bréviaire, la méditation et les lectures spirituelles. Cependant, il m'arrivait de manquer aux règlements. Je me souviens d'avoir lu en cachette la biographie d'Alexis Carel et son ouvrage *L'homme, cet inconnu*. Je fus très impressionné par cet auteur habité par le souci d'une spiritualité ancrée dans le réel. Je ne pouvais pas supporter une spiritualité qui ne collait pas à la réalité. J'avais déjà un grand souci d'efficacité.

Pendant cinq ans, au Scolasticat Saint-Joseph d'Ottawa, j'approfondis ma formation intellectuelle, notamment en philosophie et en théologie. Je croyais tout savoir et être à même de répondre à toutes les questions des fidèles. À vrai dire, j'avais l'arrogance de la jeunesse. Je dus cependant déchanter quand je me retrouvai devant des situations pastorales concrètes et complexes.

Pour ma thèse de maîtrise en philosophie, le père Jacques Croteau me proposa d'étudier « La connaissance du cœur chez Pascal ». J'acceptai immédiatement ce sujet qui rejoignait ma passion à la fois pour la psychologie et pour la spiritualité. Pendant les vacances, au lieu de participer à des expéditions en canot avec mes confrères, je m'appliquais à poursuivre mes recherches sur Pascal, au grand étonnement de certains d'entre eux qui préféraient jouer aux pionniers dans la nature inhospitalière. Ils seraient ainsi mieux préparés, prétendaient-ils, à la dure vie missionnaire.

Prêtre oblat en recherche de sa mission

Ma première obédience fut l'enseignement du français à l'École secondaire de l'Université d'Ottawa. J'aimais les étudiants, mais je détestais leur indiscipline et leur impétuosité. Tout en éprouvant de la répugnance à discipliner des adolescents, je maintenais en classe une discipline de fer. Mais chaque jour, à la fin des classes, je rentrais épuisé au monastère. Au fond de moi-même, j'avais peur et des étudiants et des autorités de l'école. Je me sentais forcé de réussir, et de bien réussir.

En 1963, j'obtins une bourse de l'ambassade de France au Canada pour aller étudier le français à Paris, plus précisément à la Sorbonne. Je désirais surtout perfectionner ma pédagogie dans l'enseignement du français. J'ai adoré ce séjour en France. J'étais passionné par la littérature française, en particulier par un professeur de poésie moderne, Monsieur Netzer, qui nous faisait comprendre l'incompréhensibilité des poètes modernes!

De retour à l'École secondaire de l'Université d'Ottawa, je vécus tout un dépaysement. J'avais presque oublié l'attitude à prendre devant une classe d'adolescents. Quelle ne fut pas ma surprise quand le principal de l'école me confia trente-six périodes d'enseignement religieux! C'était une matière peu importante, parce que non créditée. Le professeur précédent avait aboli le système de pointage, prétextant que le succès en catéchèse ne s'évaluait plus en points comme dans les autres matières. Ce fut donc un réel choc pour moi de constater le peu d'intérêt des étudiants. J'en étais très déçu et écœuré. Je continuais à enseigner par obéissance. Je me sentais bien loin de ma mission; j'avais des crises de foie chaque fin de semaine, mon corps criant ce que je n'osais pas dire tout haut. Je connus des états dépressifs qui me poussèrent à donner ma démission.

Les autorités provinciales me confièrent alors un travail dans une paroisse. Ma vie s'écoulait à célébrer la messe quotidienne, à présider des funérailles et des mariages, à confesser les paroissiens, à faire des homélies, à visiter les foyers de mon quartier, etc. Je me remis peu à peu de mes états dépressifs. Ma santé s'améliora. Je recevais de multiples confidences, surtout de couples, plus particulièrement de femmes mariées. Celles-ci me confiaient leurs problèmes relatifs à la contraception, leurs questionnements sur les enseignements de l'Église, sur l'éducation de leurs enfants, sur leurs relations conjugales et leurs conflits relationnels. Je me souviens d'une famille de quatre enfants, dont les parents me confiaient leur difficulté d'être fidèles à la position de l'Église sur la contraception, mais qui ne pouvaient vraiment pas se permettre d'avoir un enfant de plus! Ils me disaient : « Si un enfant nous arrive, nous l'amènerons au presbytère pour que tu t'en occupes... »

Devant tous les problèmes auxquels les couples étaient confrontés, je me mis à les accompagner fidèlement. J'aimais bien ce travail. Je consacrais tous mes temps libres à lire sur la psychologie du couple. Je cherchais comment les aider et les soutenir. Je suivis une formation de deux semaines en counselling matrimonial au Iona College de London, avec le père Paul-Émile Pelletier, un fervent apôtre du mariage. L'un des défis du counselling matrimonial consistait à apprendre aux couples « comment souffrir ensemble au lieu de s'accuser et de se détester ». Je les invitais à reconnaître leurs limites respectives et à établir une communion dans la souffrance afin de persévérer dans leur mariage. Pour les aider, je me lançai dans l'étude de toutes les formes de thérapie populaires à l'époque : la gestalt-thérapie, l'analyse transactionnelle, la bio-énergie, la psychosynthèse, etc. Tout ce qui touchait à la psychologie m'attirait et m'aidait à remplir mon ministère auprès des couples mariés. Cette activité amena l'évêque de Hull, Mgr Paul-Émile Charbonneau, à me nommer responsable diocésain de la pastorale de la famille. À fréquenter les couples chez eux, j'appris beaucoup sur la vie conjugale et je me fis de nombreux amis. Après mes études théoriques dans les universités, je fréquentais enfin l'« université de la vie ».

La ville de Hull se transforma à un rythme accéléré; les maisons de mon quartier furent démolies. J'avais donc beaucoup moins de travail pastoral à accomplir. Je devais m'orienter autrement. Je me sentais de plus en plus attiré par la psychologie, mais j'avais peur de me tromper, de faire dépenser inutilement de l'argent aux oblats pour des études en psychologie. Mille résistances de toutes sortes venaient m'assaillir. Je me décidai pourtant à faire la demande au provincial pour poursuivre des études en psychologie clinique à San Francisco. Ce fut un tournant décisif dans ma vie! Méfiant, le provincial me demanda à mots couverts si je désirais quitter la communauté, puisque presque tous les pères qui s'étaient engagés en psychologie l'avaient fait. Je lui répliquai avec ironie que ce n'était pas mon intention, mais qu'il me suggérait là une bonne idée! À la veille de m'engager dans ces études, je reçus l'appui inconditionnel de mon supérieur local, Gilles Hébert, curé de ma paroisse. Il me dit : « Je crois que ta voie est là! » Peut-être ne l'a-t-il jamais su, mais dans les heures de doute les plus noires, ses paroles me redonnèrent confiance en moi et le courage de poursuivre la réalisation de mon projet.

Je pris donc le risque de faire des dépenses importantes pour me rendre à San Francisco pour y subir une entrevue d'admission d'une demi-heure, sans savoir si on allait ou non m'accepter. Le résultat de l'entrevue fut positif. Une fois arrivé à San Francisco, je voulus résider dans une maison de ma communauté religieuse ou dans un presbytère, comme l'avaient exigé mes supérieurs. Mais partout où je m'informais, il n'y avait pas de place pour moi. Je pris donc pension sur le campus. Au début, les étudiants se montrèrent très méfiants à mon égard : en effet, quelques mois plus tôt, un agent du FBI s'était fait passer pour un étudiant et avait infiltré tous les réseaux de drogue pour ensuite dénoncer les responsables. Moi qui sortais d'un milieu ultraprotégé, j'étais très peu préparé à cette nouvelle vie et à cette récente liberté. De plus, je me retrouvais, à quarante-deux ans, l'étudiant le plus âgé de Lone Mountain College, institution très chic tenue par les Dames du Sacré-Cœur.

Dès les premiers jours, je pris conscience que ma connaissance de l'anglais était nettement insuffisante. À cette lacune s'ajoutait la difficulté de me trouver un lieu de pratique professionnelle. Pendant tout un semestre, je dus parcourir plus de deux cents kilomètres, deux fois par semaine, pour me rendre à un collège tenu par les oblats où je m'exerçais à faire du counselling auprès des étudiants.

Plus d'une fois, le doute s'empara de moi : « Avais-je entrepris quelque chose qui me dépassait? » Mes promenades le long de l'océan m'aidèrent à tenir bon. À mon grand étonnement, au second semestre, toutes les portes s'ouvrirent. Mon anglais s'était amélioré. J'avais obtenu des A à tous mes examens. Je disposais même d'un lieu de pratique à quinze minutes de l'université. J'avais des amis, notamment parmi les musiciens juifs. J'étais invité dans des familles accueillantes. J'habitais dans une chambre parfaite pour moi, avec vue sur l'océan Pacifique et sur la baie de San Francisco, juste au-dessus des salles de cours : je pouvais donc partir à neuf heures moins cinq pour assister au cours de neuf heures! Je passai les vacances d'été au Mental Health Center, accumulant les heures de stage requises. Je devais faire 900 heures pour satisfaire aux exigences du programme. Enfin, j'avais franchi les épreuves que tout novice doit subir au début de sa mission pour éprouver sa volonté de réussir et sa persévérance.

Grâce à mes expériences antérieures, j'avais une facilité incroyable à comprendre les cours de psychologie, qui répondaient enfin à mes questions. Mon expérience en pastorale me permettait de faire correspondre aux concepts psychologiques des réalités concrètes. La mode était au freudisme, à la gestalt, à l'analyse transactionnelle, aux thérapies familiales.

Réalisation de ma mission

Me sentant devenir de plus en plus compétent en psychologie clinique, je fus tenté de m'y consacrer exclusivement, car celle-ci répondait à tous mes questionnements. Je me sentais tellement divisé entre la psychologie et la théologie orthodoxe! Ce n'est que lorsque je suivis des cours sur la psychologie analytique de Carl Jung que je me sentis chez moi. Cette école de psychologie me convenait parfaitement. En effet, elle me fit prendre conscience que l'on ne pouvait pas passer de la psychologie à la théologie sans d'abord passer par la spiritualité.

Après deux années de psychologie à San Francisco, je revins au Canada. À vrai dire, je me sentais privilégié d'être canadien.

Je retrouvais en effet un pays calme et paisible, avec ces grands espaces où l'on pouvait respirer. Je ne regrettais en rien la vie trépidante de San Francisco.

Le père Martin Roberge, o.m.i., directeur de l'Institut de pastorale de l'Université Saint-Paul, à Ottawa, me proposa d'être superviseur des étudiants en counselling. Au même moment, le père Provincial, Gilles Cazabon, me demanda de donner des cours au Centre Saint-Pierre de Montréal. Je faisais donc la navette entre Montréal et Ottawa. Je me sentais comblé, d'autant plus que je constatais l'avidité de mes étudiants au Centre Saint-Pierre à en connaître toujours davantage. Ils étaient fascinés par mes cours. Après deux ans de ce régime, la secrétaire du Centre Saint-Pierre m'annonça qu'il n'y avait plus de place pour moi au Centre. Une des raisons invoquées était ma trop grande popularité auprès des étudiants de Saint-Pierre. Un peu plus tard, j'appris la vraie raison : un certain père trop scrupuleux craignait que j'organise des « sensitivity groups », au cours desquels je permettrais aux prêtres et aux religieuses de se toucher. Un vrai scandale dans une institution catholique! Ce père directeur fabulait, projetant sur moi ses propres désirs sexuels.

J'acceptai donc d'investir l'essentiel de mon temps à l'Université Saint-Paul. J'adorais faire de la supervision et de l'animation de groupes, d'autant plus que j'avais un très bon contact avec les étudiants.

Geneviève Hone et moi avons créé un nouveau programme centré sur la formation de leaders de groupes en pastorale. Pourquoi nous limiter à soigner les clients individuellement alors que nous pouvions nous adresser à des groupes? Nous avons donc enseigné aux étudiants en pastorale à créer des groupes de deuil, de pardon, de solitude, de communication parents-enfants, etc.

À cette époque, je me mis à l'écriture durant les fins de semaine. Je ne possédais pas de talent particulier pour cette discipline, mais je me disais que l'écriture était l'un des meilleurs moyens de communiquer mes connaissances à ceux et celles qui s'en montreraient intéressés. Ma mission demeurait la même : soigner par la psychologie intégrale, incluant la spiritualité, puis écrire des ouvrages pour rejoindre un public de plus en plus large.

Pour rendre ma mission plus efficace et fructueuse, j'entrepris en 1980 des études doctorales à Pomona, New York, chez Jean Houston, grande prêtresse d'une école de mystères, qui se servait de la psychologie et de la spiritualité pour guérir. Elle reprenait l'histoire des grandes religions et nous expérimentions leurs rituels. Le but de Jean Houston était de fonder une école portant sur les mystères. On y apprendrait entre autres à pratiquer des rituels judéo-chrétiens et islamistes.

Pendant mes stages chez Jean Houston, j'ai rédigé ma thèse de doctorat qui consistait à décrire les grands archétypes masculins pour mieux comprendre l'homme.

Enfin, « médecin des âmes »

Enfin, je réalisais mon rêve de jeunesse, celui de devenir « médecin des âmes ». Cette meilleure compréhension de ma mission me permettait de traiter en psychologie et en spiritualité chacun des thèmes humains que j'allais aborder et sur lesquels j'écrirais : deuil, pardon, ombre, mission, estime de soi et du Soi, violence des hommes. Pouvoir faire une synthèse entre la psychologie, la spiritualité et la foi chrétienne fut pour moi une réelle révélation et l'accomplissement de ma mission.

Ma communauté oblate éprouva de la difficulté à accepter mon point de vue. Je pense ici à un éminent confrère théologien qui soutenait que la mission devait être d'inspiration collective et soulignait le danger de suivre ses élans personnels, de peur de tomber dans l'individualisme ou, pire encore, dans le subjectivisme. Je ressentais chez lui une volonté de retour en arrière, à cette époque où le supérieur, représentant la voix de Dieu, pouvait désigner à chacun des membres de sa communauté quelle voie celui-ci devait suivre. Certes, un discernement communautaire est essentiel, mais, au bout du parcours, chacun est seul pour répondre à la volonté du Soi, l'âme habitée par le divin. J'avais l'habitude de dire qu'après quarante ans, on choisissait sa mission et on avisait le supérieur de son projet de vie.

Et la communauté, alors? La personne qui a trouvé sa mission personnelle trouvera forcément un créneau où elle pourra s'insérer dans la mission d'une communauté. Les membres de la communauté gagneront alors en efficacité et en enthousiasme. Le rêve de tout individu, c'est d'être heureux dans ce qu'il fait, tout en rendant service à la collectivité.

Réflexion

Suivre sa mission est incontournable. Même si la rivière s'élargit, se rétrécit, fait des détours, se perd dans des méandres, menace de disparaître au travers des marais ou gambade sur des rochers, elle reste toujours la même rivière. Ainsi en est-il de la mission. On peut la fuir, se méprendre sur sa nature, croire l'avoir trouvée parce qu'on est devenu populaire, la faire se disperser dans de multiples activités. Quels que soient le succédané inventé pour s'y dérober et les prétextes invoqués pour en retarder l'accomplissement, on restera hanté par sa mission comme par un fantôme, tant et aussi longtemps qu'on ne lui aura pas obéi.

(*À chacun sa mission*, 2006, p. 23.)

CHAPITRE 5

Moi et... les femmes

Jean

Il est rare que je m'aventure à écrire sur mes relations avec les femmes de ma vie. Il n'en demeure pas moins que le rappel de celles qui m'ont influencé m'a permis de mieux connaître mon *anima*, ma femme intérieure. Sa découverte a représenté un apport très précieux à mon épanouissement. En examinant de près mon intériorité et ma conduite, je perçois mieux ma propre féminité. Il me reste à développer encore davantage certains traits de mon *anima*. La voie royale pour y parvenir est sans conteste la prise de conscience des projections que je fais sur les femmes que je fréquente et que j'ai fréquentées. Ces projections ont l'effet d'un miroir déformant. Elles peuvent être attractives ou répulsives, elles n'en demeurent pas moins pour moi une fascination!

Dans la formation reçue au noviciat et au scolasticat, mes éducateurs n'osaient pas aborder le sujet de la féminité. Quand les novices ou les scolastiques questionnaient leurs éducateurs sur les relations à entretenir avec les femmes, ceux-ci devenaient anxieux, bredouillaient une réponse tirée de la biographie d'un saint quelconque et conseillaient habituellement de les fuir. Il était impossible d'aborder ce sujet en toute honnêteté. Je me suis ainsi formé une *persona* (un masque) « d'eunuque pour le royaume des cieux ». Cependant, la maturité aidant, je me suis ouvert à l'affection et à l'admiration de celles qui ont marqué mon existence.

Sur ce point, je ne ressemble guère, semble-t-il, au fondateur des oblats de Marie Immaculée. Lors d'une conférence sur la vie du fondateur, un directeur spirituel d'une grande notoriété a déclaré bien candidement que le fondateur avait joui d'une très grande grâce, celle d'avoir été épargné du moindre attrait pour les femmes, à l'exception de sa propre mère. Le bon père ne se doutait pas qu'il venait de révéler les fortes tendances homosexuelles du fondateur! Quoi qu'il en soit, cela n'a pas empêché Monseigneur de Mazenod de devenir un grand saint.

Mon histoire de famille

J'ai été élevé avec trois femmes, ma mère Albertine (petite Alberte), ma sœur aînée Hélène et ma sœur Mireille. Durant une certaine partie de vie, je me suis éduqué contre mon frère Marc, de sept ans mon aîné. Celui-ci ne se montrait nullement intéressé à ce que je l'accompagne dans ses excursions et ses escapades. En outre, il n'avait jamais accepté l'autorité de mon père, Henri, qui se « désâmait » à le faire obéir. Aussi me suis-je mis sous la tutelle de mon père. Ce dernier me protégeait de mon frère qui exerçait sur moi une certaine brutalité. Marc, s'apercevant de cette alliance, entretint à mon égard des sentiments hostiles. Au cœur de cette dynamique familiale, les femmes ont tenu une place importante dans mon éducation.

Albertine, ma mère

Albertine était une femme aimante, joyeuse, optimiste et entreprenante. Son mariage ne fut pas un mariage d'amour mais de raison. Je présume qu'elle s'était mariée pour éviter le sort réservé aux vieilles filles de l'époque. Elle décrivait son mari comme un homme fidèle, intègre et soucieux du bien-être de sa famille.

Mon père, pour sa part, aimait ma mère à la folie. Il aurait désiré lui manifester son amour devant les enfants, la prenant par la taille et la serrant fort contre lui. Mais Albertine repoussait ses avances un peu trop enthousiastes à son goût. Elle se montrait réservée, voire prude. Maman se sentait embarrassée par cette fougue amoureuse et lui disait : « Henri, arrête! »

J'étais le benjamin de la famille; ma mère me portait une affection spéciale. Elle avait décidé de limiter sa famille à trois enfants. Sur ce point, elle se montrait avant-gardiste pour son temps. Un jour, elle décida de se confesser d'avoir encore une fois commis le même péché, à savoir d'« empêcher la famille ». Ce jour-là, le confesseur était un père oblat, le père Descelles, qui lui fit une sévère remontrance, lui rappelant son devoir d'engendrer des enfants. Ma pauvre mère sortit du confessionnal toute bouleversée et rouge de honte. Or, ce qu'elle ignorait encore, c'est qu'elle était enceinte de moi! Aurais-je compris, dans mon inconscient de fœtus, que je devais réparer la faute de ma mère en devenant moi-même un père oblat?

Entre sept et dix ans, je vécus seul avec mes parents. Mon frère et mes sœurs fréquentaient alors les pensionnats. À mon entrée au Petit Séminaire, je me retrouvai entouré de garçons plus ou moins sympathiques. Je pleurais régulièrement sur le chemin du retour à la maison. Mon père, à la vue de mon chagrin et un peu découragé, me conseilla de changer d'école. Mais ma mère n'était pas de cet avis; elle me suggéra plutôt de me faire des amis et de m'amuser comme les autres garçons : « Tu ne peux pas jouer comme tous les autres garçons? Prends un bâton et frappe cette balle! » Elle nous laissait une grande liberté d'action pour jouer dans le voisinage. Elle nous éduquait à coup de proverbes de vie. Elle répétait d'une même assurance des maximes aux sens plus ou moins contraires : « On n'est jamais si bien servi que par soi-même. » « Un peu d'aide fait grand bien. » Elle devinait qu'une seule sentence n'épuisait guère toute sa sagesse…

J'admirais cette femme à l'audace pratique : lorsque mon père lança son entreprise de vente de mazout, elle se mit aussitôt au téléphone pour lui trouver des clients parmi ses connaissances et lui bâtir une clientèle. Mon père, au tempérament timide, ne pouvait se résoudre à faire du démarchage, comme le faisait ma mère. Il misait davantage sur sa force physique que sur sa force morale. Recevoir des proches à la maison le rendait anxieux et mal à l'aise. Ma mère, au contraire, aimait rencontrer les gens et participer à des associations telles que Les Dames de Sainte-Anne, le Tiers ordre franciscain et le comité des Anciennes de son couvent des Dames de la congrégation de Notre-Dame.

J'entretenais pour ma mère une profonde affection doublée d'une grande compassion. Enfant et adolescent, je dois l'avouer, je passais pour « un bon enfant », soumis, studieux et prévenant; je faisais le bonheur de mon père et de ma mère. Celle-ci répétait à qui voulait l'entendre : « Jean est un être très sensible! » En fait, c'était davantage une suggestion déguisée qu'une constatation objective… J'aimais aider ma mère et j'essayais d'alléger sa charge de travail; je lui rendais tous les services possibles et imaginables : je lavais la vaisselle, je faisais une partie du ménage, j'essayais de ne pas salir trop de vaisselle au repas, j'étais attentif à ne pas changer trop souvent de vêtements. Je tenais à lui épargner du travail. Ma mère me le rendait bien. Je savais que moi, son benjamin, j'étais son préféré. Elle cuisinait pour moi de petits plats spéciaux, surtout des desserts très sucrés.

Je commençai à m'affirmer face à elle, et ces premiers sursauts d'indépendance annonçaient et préparaient mon départ à venir. Pour moi, cela impliquait de renoncer à la tendresse, à la quotidienne chaleur du foyer et, surtout, aux marques d'affection de ma mère. Je ne pouvais cependant imaginer combien mon départ serait douloureux pour ma mère et combien le deuil de son fils, sa précieuse création, se changerait en tristesse silencieuse. Jeune homme pris dans la tourmente de son âge et de son avenir, je semblais ignorer la détresse de Maman.

Durant mon noviciat, je dus me rendre au Séminaire Saint-Jean à Iberville, près de chez moi, pour faire acte de présence à une rencontre d'anciens étudiants. J'avais demandé la permission de rencontrer ma famille à cette occasion. Le maître des novices me l'avait accordée, à condition que je n'entre pas dans la maison familiale. J'ai donc dû recevoir ma mère dans la voiture! Une autre fois, pour mon anniversaire, elle m'avait préparé mon gâteau préféré et avait fait la route d'Iberville à Ottawa pour me l'apporter. Lorsqu'elle arriva à Ottawa, elle ne put même pas me le remettre, le supérieur m'ayant interdit de la rencontrer. Ce fut toute une épreuve, et pour elle et pour moi!

La séparation d'avec ma mère continue de me hanter. Au moment où j'écris ces lignes, je sens monter en moi une vieille émotion inconfortable. Je suis convaincu que je traîne encore une situation de déni. Aussi n'ai-je jamais gardé de photos de ma mère dans ma chambre. Je ne voulais rien avoir qui puisse me la rappeler, de peur de trop souffrir.

On a beau essayer d'oublier la tendresse d'une mère, notre corps, lui, se souvient toujours de l'éden de ses entrailles. Voilà pourquoi les personnes qui sentent venir la mort cherchent à se placer dans une position fœtale et font appel à leur mère.

Mes sœurs

Mireille, à qui j'avais volé la position de benjamine, et moi, nous nous disputions souvent au point qu'un jour, exaspéré, je déclarai à ma mère, du haut de mes quatre ans, que j'avais décidé de ne plus me marier avec Mireille! À l'adolescence, nous ne nous sommes pas vus souvent; elle était au pensionnat et moi, je fréquentais le Séminaire Saint-Jean. Après que j'eus rejoint les missionnaires oblats, elle m'écrivit : « Tu me sembles heureux chez les oblats. Moi, je fais la demande pour entrer chez les oblates. J'espère que tu ne présentes pas une façade de bonheur, car je compte sur ta vocation pour confirmer la mienne. » Chez les oblates, elle a dû mûrir très vite, trop rapidement, à mon avis. Leur fondateur, le père Parent, o.m.i., la surchargeait de responsabilités qui ont fini par l'exténuer. Elle a dû quitter l'institut pour cause d'épuisement.

J'admirais Mireille pour ses multiples qualités sociales, telles sa fidélité à ses engagements, son sens du travail bien fait, l'ingéniosité de ses réparties et son sens des responsabilités. Directrice d'un centre pour personnes âgées, elle répondit un jour à une femme qui l'invectivait : « Madame, votre âge avancé ne vous permet pas de m'insulter! » Reconnue pour avoir une poigne de fer dans des gants de velours, elle occupa plusieurs postes de direction dans des centres hospitaliers.

Ma sœur Hélène, je la considérais comme ma seconde mère; elle me berçait, me faisait jouer, me consolait de mes grosses peines, etc. J'admirais sa discipline, son acharnement au travail et sa brillante intelligence. Infirmière enseignante, elle s'est spécialisée en gynécologie. Il m'arrive encore bien souvent de faire appel à ses services et à sa compétence, lui demandant de m'accompagner dans les hôpitaux d'Ottawa. Lors de mes hospitalisations, elle s'est montrée très attentive aux soins que le personnel médical me prodiguait, prête à dénoncer les erreurs. Son dévouement et sa présence auprès de tous les membres de notre famille ont été et restent exemplaires. Elle accompagna dans leurs derniers moments mon père, ma mère, Marc son frère aîné et sa petite sœur Mireille. Aujourd'hui, elle jouit d'une retraite bien méritée.

Mes relations avec les femmes associées à mon apostolat

Vicaire de paroisse, j'eus la chance de travailler avec des familles dans le Service d'orientation des familles (SOF). Mon curé me confia en effet le travail pastoral auprès des couples et des familles. Après des années passées dans l'enseignement au secondaire, je travaillais enfin en paroisse avec des adultes. Ce n'était pas que je détestais enseigner aux adolescents, mais je m'épuisais à faire régner la discipline en classe.

C'était pour moi un réel bonheur d'œuvrer avec des couples qui me faisaient partager leurs succès et leurs échecs, leurs espoirs et leurs déboires, l'amour de leurs enfants et les déceptions occasionnées par leur progéniture. Autour de la table de cuisine, ces couples me révélaient les secrets de leurs états d'âme, leur intimité et leur zèle à aider d'autres couples.

Au cours des séances de préparation à nos animations, les femmes se montraient plus loquaces et osaient se confier sans gêne à un prêtre en présence de leur époux. Plus ils me révélaient leur âme pendant nos soirées de préparation, plus les couples-animateurs s'attachaient à moi. Les femmes, surtout, aimaient dialoguer avec un homme pas trop désagréable, instruit, sympathique et inoffensif pour leur couple...

Une fois les rencontres de SOF terminées, je faisais équipe avec un autre couple-animateur pour la session suivante. Peu à peu, je me suis aperçu du profond attachement que ces femmes éprouvaient à mon égard. Un bon nombre d'entre elles devenaient jalouses et se sentaient fâchées et rejetées quand je les quittais pour poursuivre ma mission auprès d'autres couples. Elles me disaient : « Tu te sers de nous et tu nous laisses tomber comme de vieilles chaussettes! » J'étais vraiment naïf, à l'époque; je n'estimais pas à sa juste valeur l'affection, voire l'amour qu'elles me portaient. Jusqu'à un certain point, ces séparations faisaient mon affaire. Elles me permettaient de prendre mes distances, quitte à brusquer les autres par mon départ. Le célibat a cet avantage de rendre le prêtre toujours disponible, mais intouchable. Aujourd'hui, je ne répéterais plus la même erreur : à la fin de la session, je vivrais avec le couple-animateur un rituel de séparation afin de célébrer le travail apostolique accompli au cours de ces dix semaines d'animation.

Mes collaboratrices

Lorsque je devais fréquenter des femmes, je dois avouer que bien souvent, je mettais en pratique les principes transmis par mes éducateurs : je fuyais certaines femmes intelligentes et d'une grande beauté. Qu'elles soient étudiantes ou professeures, j'hésitais à travailler avec celles-ci, car dès que je les voyais, j'éprouvais un net béguin pour elles. Ainsi, je protégeais comme je le pouvais ma vie d'homme consacré.

Plus tard, ma mission de « médecin des âmes » m'amena à prendre soin des gens et à les aider à guérir. Ce travail exigeait une collaboration étroite avec les femmes. En effet, prendre soin des personnes appartient surtout aux femmes. J'aimais travailler avec des collaboratrices intelligentes, sensibles aux autres, généreuses et ayant un esprit pratique. Je me rendais tout à fait disposé à recevoir d'elles des enseignements, des directives et des orientations. Sur ce point du moins, je n'étais pas machiste. Aussi, je ne ménageais pas mes marques d'appréciation à leur endroit, j'acceptais volontiers les compliments et je me montrais sensible à leur admiration. J'eus aussi beaucoup de plaisir à travailler avec des hommes, mais en général, mes collègues se montraient moins enclins à exprimer leur appréciation, probablement à cause de la rivalité secrète qui existe toujours entre nous.

J'aimerais pouvoir faire la liste de toutes mes collaboratrices! Elles ont grandement contribué à mon épanouissement personnel et à mon succès professionnel. Je suis particulièrement redevable à Geneviève Hone, remarquable par sa fantaisie et par son aisance dans le travail; à Sandra Lewis, qui m'a transmis son intérêt pour Carl G. Jung et m'a conseillé de faire un doctorat avec Jean Houston, changeant ainsi le cours de ma vie; à Josée Latulippe, pour sa diligence et sa rigueur dans son travail d'éditrice de tous mes livres; à Denise Lussier-Russel, pour sa sagesse, sa foi et son expérience du « mourir » de ses patients; à Myrna Ladouceur, pour son amour et son dévouement envers les jeunes, son esprit créatif et la discipline qu'elle consacre à la préparation de sessions;

à Denise Dupont, pour l'enthousiasme qu'elle met à la formation des travailleurs sociaux spécialisés dans la communication familiale.

Et enfin, à Isabelle d'Aspremont, qui m'a permis de poursuivre ma mission en me donnant un rein avec cette générosité non menaçante dont elle est capable. Isabelle m'a soutenu durant mon épuisante période de maladies diverses. Son intelligence, sa sagesse et sa foi ne sont plus à démontrer. Collaboratrice précieuse, elle m'accompagne lors de sessions et de conférences. Peu à peu, elle prend la relève, fait connaître mes œuvres, transmet mes idées par des conférences et des ateliers. Elle forme des multiplicateurs selon ma méthode, tant en Europe qu'ailleurs dans le monde.

Les femmes qui ne me vont pas du tout

Je suis loin de souffrir de misogynie. Il existe toutefois un genre de femmes que je supporte mal : celles dont l'*animus* (l'homme intérieur) perce trop à travers leur féminité étriquée. Je les reconnais tout de suite au ton de leur voix. Je supporte péniblement leur ton dur, semblable à celui d'un sergent-major dépourvu de toute chaleur humaine. Je vous avoue que cette tonalité me rend nerveux, irritable et agressif. En leur présence, je me mets instantanément sur la défensive. Autant j'aime bien être éduqué par les femmes et même dirigé par elles, autant je ne supporte pas ces viragos. Je les trouve insupportables. Si je devais entreprendre moi-même une thérapie, je crois que je commencerais par travailler mon aversion envers ce type de femmes.

Je me méfie tout autant des femmes dont le parler se fait doucereux : je m'attends à ce que, tôt ou tard, elles se transforment en mégères. C'est le jeu de la polarité : la *persona* (la façade) de ces femmes immatures est faite de douceur, mais leur ombre cache un homme violent. Elles se dévoilent à travers de sottes récriminations. Elles ont rarement des émotions à exprimer, mais bien des humeurs bizarres. Il faut ajouter que presque toutes ces femmes sont des mal-aimées. Elles ont tendance à se conduire soit comme des femmes enfants, soit comme des viragos.

En conclusion, dans ma vie, je dois beaucoup aux femmes. Des mères de famille, j'ai appris l'art de la patience, la sagesse respectueuse du rythme de croissance de toute personne et celle de se montrer capable d'apprécier les plus petits progrès. Elles m'ont donné le goût de vivre, de développer ma sensibilité et ma compassion. Certaines d'entre elles m'ont conduit et soutenu avec courage dans ma mission de « médecin des âmes ». Je leur en suis très reconnaissant.

Réflexion

Les rapports de l'homme avec son anima (la femme intérieure)

Il est facile de discerner la nature des liens qui unissent un homme avec son *anima* : il suffit de le voir agir avec les femmes. S'il recherche des femmes jeunes et immatures, dépendantes et très sexy, toujours accrochées à un sauveteur, on doit en conclure que son *anima* est de même calibre. L'homme fort qui se prête à ce jeu tombe sous la séduction d'une *puella aeterna* (éternelle petite fille), qui est sans cesse à la recherche d'un père tout-puissant et pourvoyeur. Au contraire, si l'homme perçoit les femmes comme des compagnes égales à lui, c'est qu'il est en quête de l'âme sœur qui jouit d'une plus grande maturité que la *puella aeterna*. Si, par ailleurs, il tente de trouver une compagne sérieuse et aimante, et si, par surcroît, il la respecte, se confie à elle et la vénère pour son courage et sa sagesse, cet homme sera habité par une présence féminine épanouissante.

(*La violence des hommes*, 2006, p. 102.)

CHAPITRE 6

Un homme en voie d'affirmation

Isabelle

J'ai croisé la violence des hommes à l'adolescence et à l'âge adulte. Je vouais beaucoup d'affection et d'admiration à mon frère, de dix ans mon aîné. Une complicité régnait entre nous. Nous nous exprimions notre affection mutuelle en nous bagarrant; nous étions trop pudiques et trop maladroits pour la dire autrement. D'ami paternel, mon frère devenait un compagnon de jeu. Il lui arrivait de dépasser les limites du raisonnable par les frayeurs qu'il me causait et par un certain sadisme dans nos jeux. Il aimait démontrer sa force et, peut-être, assurer par là une distance entre nous.

À l'âge adulte, j'ai expérimenté une violence plus cruelle et plus perverse, celle du silence quotidien, du mutisme. Déjà sensible à toute forme d'abandon, j'ai subi la non-reconnaissance de mon existence. Et j'ai accepté de vivre cela durant cinq longues années! Ce silence était parfois interrompu par des moments de colère. J'avais appris à les prévenir en reconnaissant les signes précurseurs tels les yeux fous et troubles; j'avais alors la sagesse de fuir.

Je ne suis certes pas exempte de violence, mais celle-ci s'exprime sous d'autres formes. Dès que je me sens en danger, j'adopte une conduite froide et hautaine et, instinctivement, je me mets à distance, prête à fuir en me donnant l'illusion de sauver la face, ou alors j'agresse l'autre par des paroles assassines. J'apprends cependant à nommer mes frustrations, mes limites, mes besoins et à m'affirmer en les extériorisant.

Jean, pour sa part, a connu la violence au sein de sa famille, surtout entre son père et son frère. Ce climat familial chargé l'a profondément marqué. Très jeune, il a cherché à comprendre cette relation tendue. Pour y voir plus clair, il a rédigé sa thèse de doctorat en psychologie sur les archétypes masculins.

Tout au long de sa vie, la violence l'a fasciné. D'un côté, il la réprouvait énergiquement; de l'autre, il se sentait attiré par elle. Aussi s'est-il longtemps questionné sur la croissance chez les hommes. Durant 25 ans, il a recueilli des histoires au sujet des hommes. Conscient que la violence faisait partie intégrante de la masculinité, il avait l'intention d'écrire un livre sur la violence des hommes et se demandait comment unifier toutes ces histoires d'une façon signifiante et utile.

Alarmé par la perte d'identité des hommes québécois, il s'est dit que le moment était venu de faire la synthèse de tout ce matériel accumulé. Il s'attela alors à l'écriture de *La violence des hommes*.

Le but de ce livre est d'aider les hommes, et peut-être même les femmes, à développer leur affirmation et leur combativité en transformant leur violence intérieure en violence civilisée. Certains devront apprendre à la maîtriser, d'autres, à l'exprimer.

Vous découvrirez dans les pages suivantes de quelle façon Jean a progressé dans l'affirmation de lui-même et dans la combativité.

Jean

La voie de l'affirmation de soi

J'étais le benjamin de la famille; mes parents me traitaient comme « un enfant roi ». En apparence doux, heureux et obéissant, je m'attendais toujours à recevoir un traitement de faveur. Il m'arrivait pourtant de piquer des colères, surtout lorsque, ô sacrilège! ma mère enfonçait la boule de crème glacée dans mon cornet… Ou encore lorsque, du haut de mes quatre ans, je voulais fouiller dans l'armoire à pharmacie de la salle de bain, placée évidemment hors de ma portée. Pour y accéder, je tentais alors de déplacer la cuvette pour y grimper. Des sanglots de rage m'étouffaient, car celle-ci résistait bien sûr à mes efforts désespérés.

Mes deux sœurs, Hélène et Mireille, toléraient que je joue avec elles, à la condition que je ne me fâche pas. Quant à mon frère Marc, il me rejetait et refusait que je fasse partie de son groupe d'amis. Il avait peur que je dévoile ses petits gestes délinquants.

Témoin de nombreuses disputes entre mon père et mon frère, je détestais ces moments de violence qui se terminaient souvent par une confrontation physique. Marc se sentait protégé par notre grand-mère et notre oncle Louis, qui habitaient près de chez nous. Lorsque le climat familial devenait trop tendu, il se réfugiait chez eux. Fort de leur appui, il se permettait alors de narguer mon père. Son autorité ainsi sabotée, mon père se sentait très humilié. Dès l'âge de dix ans, il avait dû lui-même assumer la garde de ses deux frères et de sa sœur. Mon père en avait acquis un sens aigu de ses responsabilités et avait besoin de maintenir une discipline nerveuse. La moindre rébellion de ses enfants le bouleversait.

Connaissant l'animosité de mon père envers Marc, j'exploitai à mon avantage cette relation hostile. Très tôt, je conçus une stratégie pour faire punir Marc. Si mon père n'était pas trop loin de moi, je m'arrangeais pour importuner Marc qui était en train de bricoler. Lorsqu'il en avait assez, il courait après moi. Je déguerpissais alors à toute vitesse en direction de mon père, en criant à tue-tête. Mon père profitait inévitablement de l'occasion pour réprimander Marc et le punir. Pauvre Marc… Il tombait toujours dans le piège que je lui tendais. Il faut se méfier des benjamins!

Je savourais chaque fois ma petite victoire, mais elle était de courte durée. En effet, lorsque mes parents allaient au cinéma, ma mère me confiait à Marc, l'implorant de ne pas me maltraiter. Mais celui-ci n'attendait que cette occasion pour se venger. Ses jeux sadiques me terrifiaient à un point tel que chaque semaine, la veille de la sortie de mes parents, je nourrissais une angoisse profonde. J'avais l'impression d'être livré sans défense à un tortionnaire. Durant toute mon enfance et mon adolescence, cette violence familiale m'a fait redouter la présence des grands garçons.

À l'école secondaire, la rencontre de mon ami Jacques Chartier me permit finalement de sortir de cette crainte, qui allait parfois jusqu'à la terreur. Constatant chez moi une sensibilité à fleur de peau, Jacques entreprit de m'endurcir en me donnant de solides coups de poing. Agacé de recevoir sans me défendre ses coups assidus, je me mis à répliquer à chaque coup reçu. Je découvris enfin qu'il pouvait exister un combat pacifique entre copains. Ce fut un apprentissage important : j'avais en partie vaincu ma peur efféminée de recevoir des coups.

Ce côté par trop féminin de ma personnalité se dévoilait aussi lorsque j'entendais certaines plaisanteries scabreuses : je rougissais inévitablement, trahissant ainsi mon agressivité refoulée. Mes étudiants s'en donnaient à cœur joie, ayant bien perçu mon embarras. D'un côté, je ne voulais pas me montrer trop prude face à ces grossièretés et, en même temps, une partie de moi exécrait ce langage trop cru. Ma protestation passive se manifestait à travers la rougeur de mon visage. La compagnie d'hommes plus bourrus, lorsque je travaillais en paroisse, me permit d'apprendre à m'exprimer dans un langage plus salace. Je compris en effet qu'une certaine dose de vulgarité faisait partie de la masculinité.

Ma violence-agression

À titre de jeune oblat, on m'envoya d'abord enseigner à l'École secondaire de l'Université d'Ottawa; j'y étais également maître de salle. Or un jour, le principal me demanda d'interdire aux étudiants l'accès à un escalier menant aux salles de cours, parce que ceux-ci en bloquaient les serrures avec de la gomme à mâcher. Je me plaçai donc sur le palier du grand escalier, bien décidé à faire régner l'ordre. Et gare à celui qui voudrait passer! Cinq cents étudiants prêts à rejoindre leur salle de cours me faisaient face. Voilà que sept d'entre eux, prêts à enfreindre le règlement, essayèrent de créer un mouvement de foule. Ces sept étudiants étaient de forts gaillards, joueurs de football bien bâtis. Lorsqu'ils furent parvenus à ma hauteur, je les laissai passer, tout en bloquant le passage aux autres étudiants. L'un des sept, redescendu sur le même palier que moi, se mit à se moquer de moi et à me défier en disant : « Vous n'avez pas pu me retenir! »

À ces mots, je vis rouge et je lui assénai un solide coup de poing sur le nez; il se mit à saigner. Je n'en restai pas là. Il eut à peine le temps de se ressaisir que je lui envoyai une gifle si violente qu'il tomba à la renverse. Spectateurs de l'altercation, les étudiants effrayés lui dirent : « Il va te tuer! » Ils l'agrippèrent et le mirent hors de ma portée. Puis la cloche sonna, annonçant le début des cours.

Un collègue maître de salle me félicita pour mon courage : « Tu as établi ton autorité pour les années à venir! » Mais à l'intérieur de moi, je ressentais un profond malaise. Comment avais-je pu me laisser aller à frapper un étudiant? Aujourd'hui, je m'y prendrais autrement. Au lieu d'utiliser la violence, je demanderais la collaboration de cet élève moqueur pour m'aider à retenir la masse d'étudiants.

La leçon du samouraï

Au cours de mes diverses recherches sur la violence des hommes, je suis tombé sur l'histoire d'un samouraï. Elle m'a été une source de réflexion précieuse, m'apprenant comment gérer ma colère. Peut-être vous sera-t-elle utile, comme elle le fut pour moi.

Quand le samouraï apprit la nouvelle de l'assassinat de son maître, il éprouva sur le coup un profond trouble. Aussi se donna-t-il la mission de venger son maître, d'autant plus que l'assassin, loin de s'être battu dans un franc combat, avait lâchement frappé son maître d'un coup de sabre dans le dos. Il fallait que justice fût faite, indépendamment de sa douleur et de toute autre considération.

Le samouraï se mit donc à poursuivre le lâche de ville en ville, de quartier en quartier et de rue en rue. Finalement, il le coinça dans le cul-de-sac d'une ruelle. Il leva son sabre et s'apprêta à lui donner le coup fatal. Mais au même instant, le criminel lui cracha à la figure.

Le samouraï eut un moment d'hésitation, inconcevable chez un samouraï. Lentement, il remit son sabre dans son fourreau et partit à reculons.

Se faire cracher à la figure l'avait insulté et mis en colère. Il se souvint à l'instant d'un principe sacré chez les samouraïs : on ne doit jamais frapper quelqu'un quand on est soi-même impliqué. Son projet de vengeance, il devait l'exécuter en autant qu'il remplissait un rôle de justicier au nom de la société. Le samouraï n'a pas pu se permettre de tuer son adversaire puisque le conflit était devenu une affaire personnelle. Il devait s'abstenir de le tuer, car il avait été humilié par le crachat de l'assassin.

(*La violence des hommes*, 2006, p. 166.)

Cette histoire a eu un impact bienfaisant sur moi : je suis parvenu à maîtriser mes frustrations et mes irritations. En voici un exemple. Une étudiante m'irritait au plus haut point par ses remarques hargneuses, son indiscipline et son impolitesse envers les autres étudiants de la classe. Ceux-ci, excédés, me demandèrent de la renvoyer de mes cours. Je savourais, par anticipation, le geste disciplinaire que j'allais poser. J'avais accumulé trois pages de griefs sur sa conduite en classe et je pouvais compter sur l'approbation de tous les autres étudiants, qui l'avaient qualifiée de « chiante ». J'hésitais à passer à l'acte, lorsque l'histoire du samouraï me revint à l'esprit. Je décidai de ne plus agir sous le coup de la colère.

Je priai et méditai sur mon état d'âme colérique. Puis, je me défoulai en paroles et en exercices physiques, réduisant du même coup l'adrénaline accumulée. Après un mois de réflexion, j'étais parvenu à calmer ma fureur contre mon étudiante. Je me sentais prêt à lui annoncer ma sanction. D'un ton très calme, je lui dis : « Tu ferais mieux de démissionner et de quitter le cours. De toute façon, j'avais l'intention de te faire échouer à cause de tes écarts de conduite. » Pour toute réponse, elle répliqua : « Je m'attendais à cette réaction de ta part et je m'en fiche! L'important pour moi est que j'ai obtenu une bourse pour payer mes études. »

Très sensible à tout geste ou parole d'humiliation ou que j'interprète comme tel, il m'arrive de les ressasser longuement dans mon for intérieur. Une réaction extérieure de ma part m'apparaîtrait comme déplacée et signe de faiblesse. Je n'oserais donc pas me la permettre! Mais à l'intérieur de moi, un bouillonnement indicible fait rage. Il me vient à l'esprit des injures et des jurons d'une étonnante grossièreté, au point d'en rougir!

Mon attitude secondaire n'est pas étrangère à mes origines paternelles acadiennes. N'ayant jamais eu la réplique facile, je paralyse et finis par mijoter l'humiliation de façon obsessive. Ma mémoire là-dessus est infatigable, elle ressemble à celle de la mule du pape qui se souvient des mauvais traitements de son maître même après sept ans! Ce trait de caractère m'a conduit à m'intéresser à la question du pardon : je voulais en effet cesser de ruminer une vengeance devant les humiliations subies.

Aujourd'hui retraité, je savoure la paix de mon entourage. Je recherche moins la compétition. Je n'ai plus besoin de me prouver aux yeux des autres. J'ai presque abandonné la mauvaise habitude de me comparer aux autres.

Paradoxalement, j'aime regarder la boxe et la lutte extrême à la télévision. Mon père était membre d'un club de lutte, il pratiquait régulièrement les exercices physiques du culturiste Charles Atlas. Il m'a transmis son admiration pour les « gros bras ». J'admire le courage, l'adresse sportive, la ténacité ainsi que la fougue de ces hommes musclés, leur habileté à se battre férocement tout en observant les règlements du pugilat. La tendresse que ces rivaux se manifestent m'émeut aux larmes, surtout lorsqu'ils se donnent une accolade chaleureuse après s'être battus comme des sadiques, s'être étranglés jusqu'à demander grâce et s'être donné des coups si violents qu'ils en perdent parfois connaissance.

Ai-je trouvé là un exutoire à ma colère refoulée? Je ne saurais dire. Le « pourquoi » de cet attrait demeure encore mystérieux pour moi! À découvrir…

Réflexion

« *Mon petit garçon!* »

Un jour où ma mère me servait un de mes desserts favoris — je pouvais avoir alors treize ans — elle me dit : « Voici, mon petit garçon, j'ai cuisiné un gâteau pour toi! » Je ne sais pas trop ce qui m'arrivait, ces mots de « petit garçon » m'irritèrent au plus au point. Je me sentis inconfortable et humilié par ce rôle de « petit garçon ». Spontanément j'ai donné un grand coup de poing sur la table et j'ai crié : « Non, c'est fini; je ne suis plus ton petit garçon! »

Ma mère se mit à pleurer; mon père m'avertit de ne pas parler ainsi à une mère si bonne pour moi; je me sentis à la fois coupable et honteux. À la suite de cette expérience, je redevins un « bon petit garçon » pour plusieurs années encore.

Récit de jeunesse de l'auteur (*La violence des hommes*, p. 21.)

CHAPITRE 7

Un pédagogue éveillé et éveilleur

Celui qui enseigne touche à l'éternité,
il ne sait jamais où s'arrête son influence.

Henry Adams

Isabelle

En 1999, je suivis mon premier cours sur l'estime de soi et du Soi à l'Université Saint-Paul, à Ottawa. C'était peu de temps après l'accident vasculaire cérébral de Jean. Son élocution s'avérait très pénible, c'est pourquoi Myrna Ladouceur l'assistait et dispensait une grande partie des cours, notamment les exercices pratiques.

De prime abord, cet enseignement m'apparaissait entretenir un optimisme artificiel. On nous proposait l'apprentissage de techniques issues de la Programmation neuro-linguistique (PNL) qui se succédaient, sans que je comprenne le « pourquoi » de toutes ces stratégies. Je n'y trouvais pas assez de profondeur. Une certaine incrédulité, voire une méfiance, s'installait peu à peu en moi.

Ce n'est que lorsque Jean vint nous présenter le schéma de la personnalité selon Carl Gustav Jung avec les diverses instances de la personne, leurs caractéristiques et la vision qu'il maintenait sur le développement de la personnalité qu'enfin je saisis la pertinence des stratégies. Il enseignait une PNL intelligente appuyée sur une culture psychologique et une vision plus large que la pratique de techniques. L'objectif de Jean consistait à chercher comment bâtir un « je » fort et, en même temps, s'ouvrir à la puissance du Soi, autrement dit comment passer de la psychologie à la spiritualité, sans les opposer. À partir de là, mon enthousiasme ne cessa de croître, d'autant plus que nous approchions des stratégies relevant de l'estime du Soi. C'était comme si l'ensemble de mes expériences personnelles adhérait à cette vision. En langage informatique, je pouvais effectuer un « copier-coller »!

À la fin de la session, Jean, Myrna Ladouceur et moi-même avons décidé de réunir dans un livre les outils nécessaires à la croissance psychospirituelle. Cet ouvrage, *Stratégies pour développer l'estime de soi et l'estime du Soi*, pourrait être utilisé comme manuel d'exercices par des futurs animateurs, mais nous pensions également que tous les lecteurs pourraient explorer les pistes de croissance proposées. Je tiens à souligner la grande générosité de Jean, qui a toujours partagé avec ses collaborateurs les fruits de son travail. Pour lui, il était important que tous aient accès à ses connaissances pratiques.

Durant la rédaction de cet ouvrage, Jean me confiait sa crainte d'être un imposteur. Il me répétait souvent : « On ne peut pas enseigner ce que l'on n'a pas expérimenté. » Il mettait un point d'honneur à exercer chacune des stratégies, à en vérifier la justesse et l'utilité. Il nous les faisait vivre aussi à nous, ses coauteures. J'appréciais cette éthique personnelle qu'il vivait aussi dans le quotidien de sa vie.

Jean

De l'estime de soi...

Ma formation religieuse conservait un certain pessimisme sur le développement de la personnalité. Mes éducateurs mettaient surtout l'accent sur les performances intellectuelles. Il fallait éviter tout sentiment de fierté, d'enthousiasme devant ses succès et rechercher plutôt la fausse modestie. On ne cherchait pas à inculquer l'amour de sa personne mais on louait les mérites de l'humiliation, capable semblait-il, de nous apprendre l'humilité! En un mot, on insistait plus sur la passion que sur la résurrection.

Mon initiation à la programmation neuro-linguistique, la lecture des *Six clés de la confiance en soi* de Nathaniel Branden et du *Pouvoir illimité* d'Anthony Robbins ont modifié mon attitude sur le « moi ». Elles ont renforcé la certitude que le développement de la personnalité humaine devait être centré sur des aspects positifs plutôt que négatifs. L'idéal américain « The sky is the limit » portait des fruits, il favorisait l'estime de soi à travers l'esprit d'initiative et le goût de la réussite. Gagné à ces idées nouvelles, il devenait évident pour moi que la formation à l'estime de soi fournissait à chacun d'entre nous la possibilité de transformer son monde intérieur. Nous sommes responsables de notre croissance, par le changement des images que nous nous faisons de nous-mêmes, par le dialogue positif que nous maintenons en nous-mêmes et par la qualité des émotions et des sentiments que nous choisissons de ressentir.

Cette découverte contribua largement à ma croissance personnelle et à celle de mes clients. Dorénavant, je me préoccupais plus de leur croissance que de leur malaise. Très vite, je mis en pratique ces outils de croissance dans le quotidien de ma vie pastorale et dans ma vie professionnelle, à ma grande satisfaction.

En tant que conférencier, j'étais plutôt de nature timide. Il me fallut vaincre ma peur de parler en public. En changeant mes images, mon dialogue et mes états intérieurs, je parvins à maîtriser ma gêne. Il m'arrivait même de me transformer sur scène en un véritable comédien. Je me souviens d'une conférence donnée sur le thème de « l'ombre de la personnalité » à l'Université Saint-Paul, durant laquelle je mimai différents personnages aux prises avec leur ombre; le comédien en moi se déchaînait, faisant preuve d'un grand sens de l'humour.

L'écrivain, conteur d'histoires

Dès l'âge de dix ans, je me révélai être un habile conteur d'histoires drôles. Je les recherchais, les transcrivais dans un calepin et, à toute occasion, on me demandait de les raconter. Boute-en-train de la famille, j'étais capable d'amuser les miens et de les faire rire toute une soirée durant.

Les débuts de ma vocation d'écrivain furent plutôt pénibles. Il me fallut dépasser la terreur de la page blanche et mes doutes quant à mon talent d'écrivain. Ma formation en français était de qualité rudimentaire. Pas étonnant! Les institutrices de la campagne d'Iberville connaissaient à peine le français. Les pauvres, elles étaient débordées par leur tâche : elles devaient enseigner dans une même classe à des élèves de huit niveaux différents. Je détestais la composition française, surtout lorsqu'elle portait sur des thèmes insipides tels que « Décrivez-moi l'automne ». Heureusement pour moi, ma mère aimait écrire. Le dimanche soir, c'est elle qui rédigeait mes compositions françaises.

À l'école secondaire, un professeur avait osé lire à haute voix devant toute la classe une de mes pitoyables rédactions. J'en avais éprouvé une profonde humiliation. Cet enseignant m'avait d'ailleurs inutilement prédit que je ne saurais jamais écrire. Mais lorsque j'entrepris mes études de philosophie, j'acquis un intérêt marqué pour les essais philosophiques. Même si mon style laissait à désirer, je m'essayais à l'écriture. Je me rappelais entre autres du conseil d'un professeur de français qui m'avait suggéré d'écrire des poèmes en me laissant inspirer par une émotion et une image. Dans le même esprit, je pris aussi très au sérieux l'affirmation de Pascal voulant que « l'inspiration vient du cœur ». C'est enthousiasmé par ces maîtres que je me suis mis à décrire mes états d'âme. Quand j'ai commencé à donner des conférences sur le deuil, j'ai proposé mes écrits aux auditeurs. Encouragé par la vente de trois mille exemplaires de la brochure que j'avais assemblée, j'ai présenté à un éditeur, Novalis, mon manuscrit *Aimer, perdre et Grandir*. Malheureusement, le directeur, un confrère oblat, refusa de le publier sous prétexte qu'il était trop mal écrit. Si j'avais écouté tous les prophètes de malheur qui tentaient de me décourager, j'aurais gardé sous le boisseau mon talent d'écrivain populaire!

Animé par mon envie de transmettre mes intuitions par l'écriture et de vulgariser mes recherches, je modifiais mes dialogues intérieurs négatifs, par exemple « Tu es un piètre écrivain » ou « Tu n'as aucun style » en « Je vais apprendre à écrire » et « Qui va te corriger? » De plus, je remplaçais l'image de l'élève humilié et je m'encourageais de mes succès en d'autres domaines. Je bâtissais ma réalité intérieure sur des fondements assainis. Conscient toutefois de mes limites, je travaillais avec l'aide d'un correcteur, le père Jacques Croteau. C'est ainsi que, petit à petit, mot après mot, poème après poème, texte après texte, j'ai publié mon premier livre *Aimer, perdre et grandir*. Et ma réussite a de loin dépassé mes espérances!

La formation à la Programmation neuro-linguistique

Grâce à l'apprentissage de la PNL, et surtout par la technique du méta-modèle, je devins de plus en plus conscient des conséquences dommageables que contenaient certaines expressions comme : « il faut que j'écrive », « je dois ranger mon bureau », « je devrais prendre une douche », etc. Toutes ces expressions alourdissaient ma volonté, me plongeaient dans la culpabilité et militaient contre l'usage éclairé de ma liberté. Peu à peu, je remplaçais ces termes par ces simples mots : « je choisis... » Par exemple, « je choisis d'écrire », « je choisis de ranger mon bureau », « je choisis de... » Dès lors, j'éprouvais une sensation de légèreté.

D'autres expressions nuisibles comme « il m'énerve », « elle me rend heureux », « ils m'empêchent de travailler », étaient entrées dans mon vocabulaire. Je ne me rendais pas compte à quel point elles donnaient le pouvoir à l'autre et m'empêchaient de faire ce que je voulais. Je choisissais de reprendre le contrôle de ma vie plutôt que de le laisser aux mains d'autrui. Un dynamisme nouveau s'emparait de moi et me faisait sortir de la victimisation. Je devenais de plus en plus conscient d'être l'unique auteur de ma vie!

Voilà pourquoi l'estime de soi devint le mot d'ordre que je me donnai et que j'allais utiliser dans ma pratique thérapeutique.

Moi qui dédaignais les marques d'appréciation, croyant que c'était faire preuve d'orgueil ou de narcissisme que de les accepter, j'appris à les accueillir. Je me laissai donc nourrir par les paroles d'admiration et de remerciement qu'on m'adressait, et je me mis même à les célébrer! Loin de m'enorgueillir, cette reconnaissance me vitalisait et m'encourageait à aller de l'avant. Accueillir les compliments, ce n'était pas ce que l'on enseignait dans les séminaires! À l'époque où, jeune père, j'enseignais avec beaucoup de succès au Centre Saint-Pierre, le directeur m'appela dans son bureau et me dit : « Votre travail est apprécié par les étudiants et surtout par les femmes, mais ne profitez pas de ma remarque pour vous enfler la tête! » Je lui répondis : « Je vous remercie pour votre appréciation, mais laissez-moi gérer ma fierté comme je l'entends! »

Je vécus une autre expérience un peu semblable lorsqu'un provincial, inquiet de ma renommée, m'apostropha : « Fais bien attention à ne pas tomber dans le vedettariat! Je vois que tu as un certain succès, mais n'oublie jamais que si tu es célèbre, c'est grâce à l'Université Saint-Paul. » Je lui avais répondu : « C'est trop tard, je suis déjà devenu une vedette! Et avec tout le respect que je vous dois, si l'Université Saint-Paul est célèbre, c'est grâce à moi! » Ma réaction était d'une arrogance calculée, mais j'étais exaspéré par ces comédies de fausse modestie qui collaient à la peau d'un trop grand nombre d'oblats. Jeune oblat, jamais je n'aurais osé m'affirmer de cette façon.

C'est tout un art que de s'accommoder aux diverses réactions dans une communauté. J'y percevais parfois une certaine jalousie teintée de mépris. Je dus apprendre à répondre à des commentaires trop souvent destructeurs et à « exorciser » les messages méprisants comme ceux-ci : « Toi et tes petites recherches… » « Tu as pigé ton doctorat dans une boîte de Craker Jack… » « C'est ton correcteur qui écrit tes livres! » Si je n'y avais pris garde, ces messages auraient pu saper mes motivations à prendre ma place.

Pour souligner ses nouvelles parutions, deux fois par année, la maison d'édition Novalis invite les auteurs à venir présenter leur volume à la communauté universitaire. Lors d'une de ces présentations, un représentant de Novalis affirma publiquement : « Jean Monbourquette est notre étalon! » Que de répliques dédaigneuses j'ai entendues suite à cette simple phrase! Un auteur a aussitôt demandé d'être traité lui aussi d'étalon; un autre répétait à qui voulait l'entendre : « Moi, je n'aimerais pas être affublé d'un tel qualificatif! » Mon succès a parfois été lourd à porter.

Par bonheur, je recevais de la part d'autres confrères de nombreuses félicitations et réactions positives. Tout récemment, à la parution de mon livre *La violence des hommes*, un oblat, ancien maître des novices, est venu me taper sur l'épaule en me disant : « Ton livre est un chef-d'œuvre, toutes mes félicitations! C'est sûrement la synthèse de longues recherches! Si j'avais connu tout cela plus tôt… si j'avais su, je me serais évité bien des difficultés! » Je me suis répété au-dedans de moi ces paroles si bienveillantes. Elles m'ont rempli de joie! De telles marques d'attention et d'encouragement invitent à la confiance en soi et à l'amour de soi.

Découverte de la littérature de l'estime de soi

J'ai réellement souffert de cette pauvreté affective au début du scolasticat. L'amour de soi était loin d'être nourri. Toute amitié particulière était suspecte, on y voyait aussitôt des signes d'homosexualité. Au début de ma vie religieuse, le vœu de chasteté bannissait toutes les marques d'affection envers les hommes et les femmes, c'était presque un vœu de castration!

Quelle ne fut pas ma chance de découvrir les auteurs qui prônaient l'estime de soi! Je constatais chez eux deux grandes écoles : l'une favorisant l'estime de soi pour sa personne ou l'amour de soi, l'autre favorisant l'estime de soi pour sa compétence ou la confiance en soi. Loin d'être opposées, elles se complétaient admirablement bien. Elles rejoignaient ces phrases évangéliques : « Tu aimeras ton prochain comme toi-même » et « Demandez et vous recevrez! » Elles ouvraient à l'Amour inconditionnel du Soi et à la mission personnelle.

… à l'estime du Soi

> *Nos malaises existentiels nous font chercher une porte de sortie,*
> *alors que ce qu'il nous faut, c'est une porte d'entrée.*

François Lavallée, critique littéraire
au sujet du livre *De l'estime de soi à l'estime du Soi*

Isabelle

Bien des personnes vivent une expérience spirituelle, mais peu osent en parler, de peur qu'on les traite d'originaux, de victimes d'hallucinations. Elles gardent pour elles-mêmes une expérience aussi précieuse, de crainte qu'elle ne soit mise en doute par certains.

Lors de difficultés relationnelles avec mon mari, l'idée d'une séparation devenait peu à peu la solution à mes problèmes. Mais l'angoisse de me retrouver seule, une fois encore, me paralysait. Je résolus de me faire aider. À cette période, j'aimais préparer mon entretien d'aide en travaillant la terre. Je me mis à l'ouvrage. Peu à peu, un cercle apparut. Au centre de celui-ci : rien, le vide. Ce vide me semblait immense et je me voyais comme une petite miette de terre, microscopique, jetée et perdue dans ce néant et désespérément seule. Je pris le temps d'examiner ce que j'avais produit sans trop savoir ni trop comprendre ce qui se passait.

Une inspiration soudaine s'empara de moi. Je me mis alors à créer avec détermination un fond carré solide, entouré de quatre piliers, reliés entre eux par des bras puissants. Je me sentis invitée à déposer le cercle sur ces quatre piliers et à placer ma miette de terre au centre de celui-ci. Je ressentis alors qu'au-delà de ce vide j'étais et je serais toujours « maintenue ».

À mon réveil, quelques jours plus tard, une douce et puissante énergie d'Amour m'envahit de la tête aux pieds. Je perçus que, quelle que soit ma décision, je continuerais à être aimée inconditionnellement.

Il m'est arrivé de dévoiler cette expérience à un de mes amis théologien. À la fin de ma narration, cet ami, un peu trop catholique romain à mon goût, me dit : « Il faudra faire vérifier ton expérience! » Ma réponse fusa, fulgurante : « Jamais je ne laisserai quiconque l'analyser ou la mettre en doute! » Cette demande de vérification me mit hors de moi et me fit davantage prendre conscience de l'importance de valoriser ces moments de grâce. Aujourd'hui, lorsque je reviens à cette expérience, deux sentiments demeurent : celui de la confiance en « l'au-delà du vide » et celui de l'Amour inconditionnel. De plus, cette expérience spirituelle établit que le lieu du Soi est un lieu de rencontre du divin et de passage parfois obligé vers la foi.

Oser croire que ces révélations intérieures sont pour nous et que nous sommes dignes de les recevoir représente tout un défi. Sur le moment, elles paraissent évidentes, mais si, par la suite, nous ne les valorisons pas, elles risquent de se faner et de disparaître. Y revenir, c'est retrouver la force et la certitude du don qui nous a été fait.

En 1933 déjà, Carl Jung se plaignait lorsque ses clients posaient des questions spirituelles ou religieuses aux psychiatres ou psychologues. Dans *Modern man in search of a soul*, Jung écrit : « Nowadays, people go to the psychotherapist rather than to the clergyman (De nos jours, les gens consultent un psychothérapeute plutôt qu'un prêtre). » Outre son métier de psychologue et de thérapeute, Jean est prêtre. Il maîtrise l'art de faire apparaître et de faire voir « le bon et le beau » des gens. Il est ouvert aux aspects psychologique, spirituel et religieux de la personne. Son travail de pasteur est aussi et surtout un travail de pré-évangélisation. Jean facilite le déblayage de ce qui entrave le chemin vers le Soi. Il réalise sa vocation sacerdotale en rappelant l'existence de l'âme, tout en gardant son approche judéo-chrétienne.

Lors des ateliers sur l'estime du Soi, j'ai admiré le respect de Jean pour les croyances des personnes. Il se tenait loin de tout conseil ou de toute morale. Jamais il n'a voulu enseigner Dieu. Il cherche plutôt à laisser Dieu se dire au cœur de l'être humain.

Son œuvre me rappelle ce passage du prophète Isaïe :

> « Une voix crie!
> Dans le désert tracez
> le chemin de Yhwh
> percez droit dans la steppe
> l'avenue de notre Dieu
> chaque val est soulevé
> chaque butte ou mont, affaissés
> la falaise rasée... »

Isaïe 40, 3-4 (La Bible, Nouvelle traduction, Bayard/Médiaspaul)

J e a n

Clarification des termes

Avant de poursuivre cette partie sur l'estime du Soi, une clarification s'impose autour des termes psychologie, spiritualité, foi, religion et théologie. Trop de malentendus naissent par suite de définitions vagues.

Le mot psychologie vient du grec et signifie « étude de la psyché ». C'est, en d'autres termes, « l'étude de l'âme humaine spirituelle ». Mais cette discipline s'est éloignée de son objectif premier quand elle s'est atomisée en diverses écoles, chacune se spécialisant dans la recherche sur de multiples manifestations de la personne humaine telles que le comportement, les types d'intelligence, les rêves, les émotions, les imageries, les signes de l'inconscient, etc. La psychologie retrouvera-t-elle un jour sa vocation première, celle de l'étude de l'âme humaine, la psyché?

Quand je parle de « spiritualité », je pense à la recherche de l'ultime sens de la vie. Je pourrais le nommer Dieu, l'Infini, l'Absolu, « Celui qui ne s'est jamais montré... », comme l'exprimait si bien un poète. La spiritualité s'enracine dans la conviction qu'il existe en toute personne un centre spirituel : son âme. La spiritualité s'approche du mystère; elle met dans le cœur de l'être humain un désir profond d'infini; elle éveille la personne à la transcendance. Elle est areligieuse, dans le sens qu'elle connaît l'existence d'un Dieu sans toutefois en connaître la nature. Elle est un préambule essentiel à la foi. Elle prépare à accueillir le nom du divin que lui révèlent et lui proposent les religions.

La foi est une adhésion personnelle aux révélations d'un prophète, considéré comme un messager envoyé par Dieu. Non seulement son messager nous fait connaître l'existence de Dieu, mais il soulève aussi le voile sur son mystère. Ainsi, en régime chrétien, Jésus Christ nous annonce un Dieu Père et miséricordieux. La foi en Jésus Christ donne l'espérance de la résurrection.

Suivant ma conception, la religion renvoie à une institution qui, en plus des rites et des lois à suivre, propose une doctrine tirée des révélations d'un prophète, par exemple celles de Jésus Christ ou celles de Mahomet. Cette doctrine nous renseigne sur la nature de Dieu et sur les principes moraux à observer. Qui accepte ces deux points demeure dans l'orthodoxie.

L'essentiel de la théologie consiste à comprendre et à expliquer les messages transmis par le prophète. Elle compare le donné révélé à des systèmes philosophiques ou de pensées. Elle désire démontrer que la foi est loin d'être une pensée absurde et dénuée d'intelligibilité. On parlera de « l'intelligence de la foi ». La théologie vise même à montrer qu'il existe une profonde cohérence entre la foi et la raison.

Disciple autonome de Jung

Je m'inscris dans le courant d'une psychologie humaniste et spirituelle. Mes maîtres furent Alexis Carrel, Pascal, Viktor Frankl, Abraham Maslow et Carl Jung, dont je me suis inspiré tout particulièrement.

Au début de mes études en psychologie, je me considérais comme freudien. Je me sentais toutefois constamment confronté aux limites des théories de Freud, le père de la psychanalyse. Je m'y sentais mal à l'aise et coincé, ne parvenant pas à relier la psychologie à la spiritualité. Contrairement à Jung, Freud et ses disciples redoutaient l'inconscient, capable de submerger l'ego à tout moment. Pour Freud, il fallait donc s'en protéger et construire des défenses pour empêcher ses forces néfastes de se manifester.

La rencontre de Carl Jung fut dans mon univers intellectuel une révélation fulgurante. Enfin, je pouvais faire la connexion entre la psychologie, la spiritualité et, éventuellement, ma vie de foi. J'ai littéralement dévoré l'ouvrage *L'homme à la recherche de son âme*. Je tenais désormais un maître qui renforçait mes convictions spirituelles. Pour Jung, le Soi était devenu le centre spirituel de la personnalité. L'âme humaine était habitée par le divin.

Toutefois, je ne pus suivre Carl Jung jusqu'au bout de sa théorie du Soi. En effet, à la fin de la Seconde Guerre mondiale, Jung était hanté par la question du mal dans le monde. Pour lui, la seule explication possible à l'existence du mal consistait à accorder au Soi une ombre. Pousser son raisonnement jusqu'au bout conduirait à reconnaître l'existence d'un dieu mauvais. À la fin de sa vie, Jung tomba dans le manichéisme. Mais alors, comment faire confiance au Soi? Comment se fier à sa conscience si celle-ci risquait d'être sous l'influence d'un dieu méchant? Jung ruinait par là toute sa théorie première sur le Soi. Plusieurs des disciples de Jung et moi-même refusons nettement cette conception manichéenne d'un dieu bon et d'un dieu méchant. Je possède une foi inébranlable dans l'Amour inconditionnel du Soi.

Ma psychologie, ma spiritualité et ma foi trouvent dans le Soi un point d'unité.

Urgence d'une spiritualité dans un monde désorienté

Pour moi, la grande maladie du xxᵉ siècle, c'est la perte de l'âme. On n'enseigne plus aux personnes qu'elles ont une âme! On ne leur apprend plus à regarder au-dedans d'elles-mêmes, à entendre le secret de leur cœur, à ressentir ce qui vit en elles, à rejoindre leur fond spirituel et à y construire leur vie intérieure. Cette perte a des conséquences importantes sur nos contemporains. En effet, quand on néglige son âme, on voit apparaître en soi toutes sortes de symptômes dont l'anxiété, les obsessions, les dépendances et la perte d'un sens à la vie.

Ce texte de saint Augustin, affiché sur le mur de ma salle de bain, me rappelle l'importance de la quête de mon âme : « Tard je T'ai aimée, ô Beauté, tu étais au-dedans de moi et moi, j'étais en dehors de moi. C'est au dehors que je Te cherchais. Tu étais avec moi et moi, je n'étais pas avec Toi. »

Mon ouverture aux réalités intérieures me rend attentif au langage du Soi. Le Soi s'exprime par des intuitions, des aspirations profondes, des rêves et, surtout, au travers d'expériences-sommets. Une attitude de passivité active est essentielle pour écouter ces messages du divin.

Enrichis d'expériences-sommets

L'expérience-sommet est une percée du Soi dans la conscience de l'ego. Elle se prépare lors d'une recherche, d'un questionnement, d'un dénuement ou d'une quête spirituelle. Nous n'avons pas de pouvoir sur elle. Nous ne pouvons pas faire qu'elle advienne. Elle est imprévisible. L'expérience-sommet nous fait découvrir un sentiment de transcendance, nous sommes alors en contact avec « quelque chose » qui nous dépasse. Elle nous donne une sensation d'illimité et d'infini.

Chacun de mes livres est issu d'une expérience-sommet : celle de l'évidence de ma mission : unir psychologie et spiritualité; celle d'une sensation de liberté et de légèreté après avoir travaillé le deuil de mon père; celle de me sentir pardonné et profondément aimé à la suite d'une blessure; celle de la révélation à la rencontre de la pensée de Jung; celle de la découverte d'un lieu de paix à la place d'un lieu de violence-agression.

J'en conclus qu'une spiritualité sans foi risque de demeurer nébuleuse et floue. Une foi sans spiritualité demeure superficielle ou purement sociologique. Spiritualité et foi sont complémentaires.

Réflexion

Tandis qu'on exalte à fond l'estime de soi dans cette société où le progrès individuel est de plus en plus à la mode, l'estime du Soi, le soin de l'âme, se trouve négligée. Par contre, une spiritualité chrétienne qui se coupe des progrès de la psychologie, spécialement dans l'estime de soi, devient stérile et rétrograde et elle ne répond plus aux aspirations du monde moderne. Estime de soi, estime du Soi et foi chrétienne s'avèrent trois réalités complémentaires dans la construction de l'humain.

(*De l'estime de soi à l'estime du Soi*, 2002, p. 205-206.)

CHAPITRE 8

Témoignages d'amis

Cyril Ryan, collaborateur de Jean pendant vingt ans

Cyril Ryan

Mon ami

En 1976, un soir d'hiver, je rencontre Jean pour la première fois. Je suis tout d'abord frappé par l'audace de cet homme, prêtre, qui osait dire à des parents comment s'y prendre pour communiquer avec leurs enfants. Il dispensait des cours à des couples de professionnels sur l'éducation. Calmement, au fil des sessions, j'ai vu émerger ces techniques utiles non seulement à bien communiquer, mais servant aussi bien à des domaines divers tels que la croissance des enfants, des adultes, des collègues, des amis.

Jean n'avait pas peur de parler de ses expériences personnelles tant dans l'enfance que dans l'âge adulte. Sûr de la valeur et de la portée de son enseignement, il affrontait le dur hiver pour transmettre ses connaissances à qui les désirait. Je garde un précieux souvenir de mes premiers contacts avec lui.

Mon complice de pêche

Les souvenirs de Jean qui taquine le poisson m'accrochent un sourire aux lèvres : d'abord parce que j'ai vécu des situations comiques avec lui et aussi parce que je l'ai découvert sous des angles différents de ceux du travailleur acharné.

Notre première partie de pêche se déroula sur un lac de l'Outaouais. En bon pêcheur aussi discret que lui, j'omets de dévoiler ici son endroit préféré. Jean savait où dénicher le brochet et la perchaude. Nous avions un plaisir fou à longer les rives du lac jusqu'à un petit rapide au pied duquel nous faisions une halte arrosée de bières fraîches. Un soir, alors que le jour tombait, une petite pluie chaude se mit à tomber, nous aspergeant tendrement les sens déjà assez engourdis par l'atmosphère de détente! Un peu comme une bravade entre amis, pour savoir qui de nous deux serait le moins lâcheur, nous tardions à rentrer. La noirceur nous enveloppait de plus en plus. Il nous fallut faire le chemin du retour en nous guidant sur les cimes des montagnes environnantes. Jean, assis devant le canot, riait de tout son soûl, accompagné de notre nouveau passager, un brochet qu'il a vite fait de réduire en filets par quelques coups de lame. Quand je pense à ce souvenir de pêche, j'entends encore son rire contagieux percer la noirceur qui nous séparait. Plus tard, je retrouverai ce rire qui animait nos conversations depuis vingt-cinq ans, et ce, même pendant les périodes les plus sombres de sa vie.

Quelques parties de pêche plus tard, je réussis enfin à impressionner cet homme pas facilement impressionnable! Alors que les eaux froides de la rivière des Outaouais bombaient le torse, j'emmenai Jean dans mon canot entraîné par un courant rapide. Naviguer à cet endroit un peu démoniaque et faire confiance à un ami, c'était beaucoup demander. Mais Jean possède non seulement un esprit aventurier, mais aussi l'esprit d'un homme qui ne recule devant aucun défi. Comme on dit par chez nous : ce n'est pas un lâcheur… surtout si brochets, dorés, achigans, poissons blancs, barbues, barbottes, perchaudes et « crapets-soleil » sont au rendez-vous! La passion de vaincre brillait dans ses yeux et je revois ce coup d'œil complice et intense qu'à l'occasion il réserve aux personnes qu'il aime. Ce sens du défi, Jean le démontrera maintes et maintes fois en franchissant les courants démoniaques de ses maladies devenues presque aussi nombreuses que ses parties de pêche!

Mon collègue

Jean et moi devions entre autres superviser des groupes d'animation. Une installation spéciale était prévue à cette fin. Dissimulés dans la pénombre, je le revois, assis derrière une fenêtre teintée, le micro au bout des lèvres, relié par un cordon ombilical électronique à l'oreille de deux étudiants choisis ce soir-là pour animer un groupe d'endeuillés. Durant l'attente sérieuse de son intervention, il surveillait le moindre soubresaut de la respiration du client, le clignement rapide de l'œil, la pause hésitante avant la parole, le cri silencieux du cœur brisé, la tristesse de l'insulte ajoutée à la blessure, puis soufflait à l'étudiant quelques paroles pouvant faire avancer l'intervention. Au bénéfice de l'étudiant et du client, par une parole légèrement piquante, il lançait à celui qui ne bougeait pas un défi à soulever les émotions; avec une parole chaleureuse, il invitait la personne glacée par la peur à apprendre à patiner dans son monde intérieur; par un geste fortement résigné, il suggérait à la personne de s'harmoniser avec ce qu'elle ne pouvait changer. Je l'ai souvent aperçu la larme à l'œil, discrètement touché par la souffrance des personnes dont il avait la charge. Durant toutes ces soirées, jamais il n'a volé la place des personnes qui lui faisaient confiance. Jean recherchait la satisfaction d'un travail compétent plutôt que l'excitation voyeuriste d'une démonstration émotive.

Jean, c'était souvent la partie féminine de notre duo. Un beau jour, Gérald, étudiant et ami de Jean, est fortement contrarié par une de mes exigences. Il en parle à Jean, avec probablement l'intention bien inconsciente que « maman-jean » intervienne auprès de « papa-cyril ». Mais Jean me le renvoie. La leçon exigeante apprend à Gérald qu'il grandira davantage en affrontant la situation d'homme à homme plutôt qu'en allant chercher l'aide d'une « maman nourrissante ». Presque tous les hommes doivent apprendre cette leçon toute leur vie. Comble de notre complicité, il arrivait qu'à l'occasion « maman-cyril » renvoie l'étudiant craintif à « papa-jean ». Cette folle déstabilisation, pour le moins inattendue, invitait l'étudiant trop habile à se faufiler entre papa et maman à rechercher plus d'autonomie et à s'affirmer davantage.

Jean a toujours fait preuve d'une loyauté sans bornes envers ses amis. Un beau jour, nous nous présentons chez notre patron; il était question de la nomination d'un nouvel assistant pour Jean. Ce nouvel assistant souhaitait travailler avec Jean depuis longtemps. Je comprends en effet que l'on veuille à tout prix travailler avec lui. Mais me remplacer? Pas question! Jean posa une seule question à notre patron : « Est-ce que cette personne possède les compétences requises pour accomplir le travail avec moi? » La réponse silencieuse du patron ne tarda pas à venir. Je n'entendrai plus parler de cette histoire. Je sais qu'à maintes reprises Jean a dû défendre ma position auprès d'une administration parfois trop accommodante avec ses préférés.

Jean, l'ombudsman des étudiants

On serait porté à croire que cet homme qui transporte ses émotions dans une brouette devant lui se conduirait en mauviette devant l'adversité. Plusieurs ont découvert bien malgré eux qu'il n'en est rien.

Une gestionnaire scrupuleuse s'était immiscée dans des dossiers concernant les étudiants de Jean. Ceux-ci devenaient victimes de son harcèlement. Il faut dire qu'elle dépassait nettement les limites de son autorité. Jean s'affirma solidement devant elle en lui déclarant que ces décisions relevaient de la direction et non du secrétariat! La bonne dame a fondu en larmes. Quelques jours plus tard, Jean lui fit parvenir un bouquet de fleurs qui eut tôt fait de transformer les larmes en sourire. De la manipulation? Il n'en est rien. Jean a trop de cœur! Il avait simplement reconnu chez cette collègue la souffrance cachée derrière ses exigences.

Reste qu'il a perdu des batailles! De celles qui le concernaient personnellement, il n'en a gardé qu'un mauvais souvenir et rien de plus; de celles qui concernaient les autres, il en a gardé une profonde colère et un souvenir aigri. Son cœur est ainsi fait. Il ne peut tolérer les injustices faites à autrui!

Jean et la reconnaissance du génie de la simplicité

« Nul n'est prophète en son pays. » Jean n'a pas échappé à ce vieux dicton. En effet, il lui a fallu trimer dur pour que son milieu reconnaisse sa compétence. Il ne s'en est jamais plaint, parce qu'il fait partie de cette génération d'hommes qui ne le font pas. Et peut-être y a-t-il certains avantages à ce que nos proches soient nos critiques les plus sévères, même si à l'occasion on aurait préféré une bonne tape dans le dos.

Il est fier d'être le meilleur vendeur de livres de son milieu. Contrairement à d'autres livres qui ne durent pas plus qu'un feu de paille, les livres de Jean ont eu une influence durable sur moi et sur ses nombreux lecteurs. On reconnaît sa compétence, sa valeur et le sérieux de ses ouvrages. Trop d'hommes ont tué leur génie dans leurs bouffonneries de cirque. Pas Jean.

À la suite de ma première session avec Jean, j'ai eu l'occasion de le revoir régulièrement. Il recherchait un groupe de professionnels avec qui il pourrait expérimenter des techniques d'intervention thérapeutique importées de Californie. De cette passion pour les techniques de communication avec l'inconscient est née une alliance professionnelle entre lui et moi qui dure depuis trente ans. Presque imperceptiblement, Jean trouve le moyen de traduire des concepts compliqués en un langage accessible au commun des mortels. C'est pourquoi Carl Jung devient digeste, nous le retrouvons dans l'intervention au niveau du deuil, du pardon, de la mission et de l'ombre. À quoi lui aurait servi d'avoir des idées géniales dans des livres rédigés pour l'élite universitaire et en fin de compte pour les tablettes poussiéreuses des bibliothèques?

C'est dans la section de psychologie populaire que nous retrouvons tous les livres de Jean. À l'occasion, je me rends dans les librairies de Gatineau et je repère le portrait de mon ami Jean qui affiche son sourire sérieux pour présenter sa dernière création. Et je me sens fier de le connaître.

Les déjeuners avec Jean

Pendant des années, les petits déjeuners avec Jean devinrent pour moi un rituel irrésistible. C'est lors de ces rencontres que nous échangions nos interventions respectives. Nous échangions sur nos succès; certains pourraient considérer cela comme de la vantardise. C'était une façon bien subtile et positive de transmettre nos idées et nos enseignements. Si le confessionnal existait pour raconter nos réussites plutôt que nos erreurs, peut-être serions-nous devenus plus sains (saints)!

Jean et la famille Ryan

Jean était là pour faire la fête et pour vivre les deuils! Fidèle, il a célébré le cinquantième anniversaire de mariage de Papa et Maman et leurs funérailles. Avec son humour bien à lui, il se présentait comme l'aumônier du clan Ryan. Quand il vient me rendre visite, les membres du clan, tout en se faisant discrets, s'organisent pour passer un peu de temps avec lui.

Jean et ses maladies

Je me plais souvent à dire à Jean qu'il est le seul être vivant que je connaisse qui puisse rivaliser avec les vingt-cinq opérations majeures de Maman, sans parler des interventions mineures! Il fut un temps où parler avec lui, c'était l'entendre m'annoncer une autre maladie qu'il devait affronter. Jamais il ne s'est plaint. La maladie le fâche sans l'écraser. Il en parle souvent comme d'une chose de plus à régler dans ses routines journalières.

Aujourd'hui, le voir prendre du poids et jouir d'une santé qui augmente sa qualité de vie me rassure.

Le père Jacques Croteau, confrère, professeur, ami, allié fidèle et correcteur de Jean

Jacques Croteau

Lorsque Jean fit sa maîtrise en philosophie, je fus son directeur de thèse. Il choisit Pascal comme sujet de thèse. Il se sentait attiré par les intuitions de Pascal, particulièrement par l'accent qu'il mettait sur la connaissance du cœur. J'ai l'impression que Jean aurait aimé lui ressembler… Quoi qu'il en soit, son étude sur Pascal n'a pas été étrangère à ses réflexions, à ses études et à sa passion pour la psychologie. Jean était timide, retiré mais toujours gentil. Il manifestait un goût prononcé pour les choses intellectuelles.

Brillant étudiant, il a acquis un esprit critique, ouvert, un esprit de chercheur. Il était toujours à l'affût de ce qui pourrait servir à expliciter une pensée, à éclairer un problème. Travailleur acharné qui ne se ménageait aucune peine, il aimait se laisser stimuler par tout ce qui pouvait contribuer à appuyer l'expression de sa pensée.

À son retour des États-Unis, il est devenu quelqu'un d'autre. Il y avait trouvé une pratique thérapeutique qui répondait à ses préoccupations ainsi qu'à l'exercice de son sacerdoce : c'était par et dans ses écrits qu'il allait développer sa spiritualité. Il en fit une spiritualité ancrée sur le réel. À son avis, trop de spirituels proposaient une spiritualité éthérée. Il fuyait celle-ci comme la peste. Il avait une manière bien à lui de concevoir la spiritualité.

En communauté, il est sérieux, trop sérieux peut-être. Adonné à son travail à un point tel qu'il en vivait presque jusqu'à l'obsession. Aussi donnait-il parfois l'impression d'être toujours en train de penser et de réfléchir. Il ne pouvait peut-être pas faire autrement, il est comme ça. Je me demande parfois s'il est heureux. Du moins, je ne le vois pas souvent jubiler et se montrer exubérant. J'aimerais voir rire davantage cet homme plus intro-verti qu'extraverti.

Mes relations avec lui ont toujours été amicales. Je l'ai encou-ragé à poursuivre sa carrière, je l'ai appuyé et même corrigé. Je suis plutôt sévère à son égard. Il accepte mes corrections, mais il lui arrive aussi d'en diverger, avec raison d'ailleurs. Sa force dans l'écriture, il la trouve certainement plus dans la poésie que dans la prose.

Les échos que j'ai eus de lui en tant que professeur lui ont toujours été favorables. Et souvent, on venait le consulter. Par ailleurs, il pensait qu'on ne l'appréciait pas à sa juste valeur dans le département de counselling de l'Université Saint-Paul. Je crois toutefois qu'il interprétait mal la façon dont on le jugeait.

Il a eu à maintes reprises l'occasion de démontrer sa force de caractère et sa force d'âme, notamment au cours de ses nombreuses maladies. Il en fut tellement tourmenté qu'il a même souhaité mourir. Ce fut extrêmement éprouvant pour ses amis de le voir souffrir autant.

Jean est un homme qui, malgré son côté bohême, a un éton-nant sens pragmatique. En affaires, par exemple, il ne s'en laisse pas compter. Il les mène rigoureusement, en exigeant par exemple de sa maison d'édition la fidélité aux contrats et des rapports pré-cis. Je me souviens du jour où il est allé acheter une voiture. Il a marchandé avec le vendeur jusqu'à l'épuisement de celui-ci. J'en étais gêné! Il lui avait pris une bonne partie de sa commission. J'avais fini par prendre parti pour le vendeur tellement j'avais pitié de lui. Mais Jean, rien ne l'arrêtait! Il estimait que ce n'était pas parce qu'on était prêtre qu'il fallait se laisser marcher sur les pieds. Mais qui marchait sur les pieds de qui?...

Magda Badran, étudiante et collègue de Jean

Magda Badran

Écrire un témoignage sur Jean Monbourquette, « professeur », est indissociable d'un témoignage sur « l'homme » qu'il est. Au cours de ma formation conduisant à la maîtrise en Counselling et Travail de groupe reçue à l'Université Saint-Paul à Ottawa, j'ai eu le privilège de profiter d'un enseignement unique donné par cet homme. Et j'ai aujourd'hui la joie de le découvrir davantage. Je lui suis reconnaissante d'avoir été un professeur audacieux. Loin d'être esclave d'un programme théorique, il veillait à nous donner un enseignement pratique; il le voulait utile et efficace pour les clients que nous allions rencontrer dans notre profession d'aidant. Je le sentais complice de notre réussite dans sa façon de transmettre son savoir.

J'ai toujours admiré et aimé les êtres aventureux et entreprenants, ceux qui ne se sentent pas prisonniers d'un conformisme « moutonnier » mais qui se comportent en prophètes répondant aux cris d'une époque. Passionné de vérité, il lui paraît urgent d'être au service de l'humanité. Pour lui, l'important est de rester fidèle à ses intuitions, au risque de déplaire. Jean a consacré sa vie à sa mission : comprendre et enseigner une vérité qui rend libre. À ce propos, il a osé raccourcir les distances entre l'homme et Dieu en amenant celui-ci un peu plus sur terre, au cœur du Soi. Il a vulgarisé les grandes théories abstraites pour que le public en général puisse s'y retrouver. Jean est profondément humain, il se rend proche des êtres qu'il côtoie. Aussi est-il capable de rire de lui-même et de ses défauts! J'aime son humour contagieux. Quand il raconte des histoires, qu'elles soient tirées de son histoire personnelle ou d'ailleurs, il se montre excellent pédagogue. Sa façon bien à lui, pleine de douceur et d'humour, de raconter les métaphores nous fait pénétrer dans le monde de l'inconscient pour y recevoir des messages sans résistances. C'est là une de ses plus grandes qualités d'enseignant.

Son intuition de thérapeute quasi sans faille m'a souvent étonnée! Lorsqu'il nous supervisait, je me demandais bien souvent où ses interventions allaient mener le client. Je n'en devinais pas l'issue, mais elles arrivaient toujours à point et me faisaient réaliser qu'il savait, lui, où il allait. Nous n'avions qu'à le suivre sur ce chemin de guérison. Il avait l'art d'accompagner la personne afin qu'elle règle en profondeur sa douleur.

La plus profitable leçon que Jean Monbourquette m'ait enseignée fut qu'un bon thérapeute fournit les outils nécessaires au client pour qu'il devienne à son tour un thérapeute capable de se guérir lui-même.

Ayant frôlé la mort à plusieurs reprises, Jean est pour moi un modèle de résilience. Il a survécu à toutes ses épreuves, ce qui l'a rendu encore plus compatissant et compréhensif envers ceux qui souffrent. C'est son « oui » à la vie, son courage, sa persévérance et notamment sa fécondité qui lui ont permis de relever les défis de la vie, qui sont devenus pour lui matière à inspiration.

Claude Lancop, ami de jeunesse
et ancien confrère scolastique

Claude Lancop

Jean, j'ai pris le temps, avant de t'écrire, de laisser se décanter tout ce que j'ai ressenti suite à notre rencontre.

On vieillit, on mûrit, on s'assagit, on exploite nos talents, tout cela à travers les combats de la vie. Mais, fondamentalement, on ne change pas. Je t'ai retrouvé tel que je t'ai connu. C'est un cliché que de dire : « J'ai rencontré un ami que je n'avais plus vu depuis plusieurs années, et c'était comme si nous nous étions quittés il y a quelques semaines… » Il n'en demeure pas moins que ça dit ce que ça veut dire : les affinités profondes entre certaines personnes demeurent, et c'est ce que j'ai ressenti.

Tu es une personne exceptionnelle! Parmi toutes celles qui entrent ou qui sont entrées dans ma vie, elles ne sont pas si nombreuses à mériter ce qualificatif. Tu as été et tu continueras encore d'être un apport considérable au mieux-être de notre société. En toute humilité, lucidité et vérité, tu peux te dire que tu as eu une vie bien remplie et combien fructueuse!

Conclusion

Fidèle à ses intuitions profondes, Jean anticipe les questions et les besoins les plus criants de la personne dans le domaine de la croissance psychospirituelle.

Natif d'Iberville, petite ville québécoise, Jean rayonne aujourd'hui de par le monde. Ses écrits, traduits en anglais, espagnol, portugais, italien, néerlandais, allemand, polonais, serbe, mandarin et, tout dernièrement, en japonais, se répandent sur tous les continents.

La vision et la pédagogie que Jean offre comportent un caractère universel. Elles s'appliquent à toute personne, quelles que soient sa race, sa culture et sa religion. Il traite en effet de « l'âme humaine habitée par le divin ».

Dans un monde où bien des gens ont perdu confiance dans les religions traditionnelles, il propose un chemin d'intériorité, tout en se souciant de bâtir une psychologie et une spiritualité saines. Il s'agit de bâtir un « je » fort et de s'ouvrir à la puissance du Soi.

De par sa formation psychologique, philosophique et théologique, Jean trouve un « autrement » pour que la personne vive plus et mieux en tenant compte de sa dimension à la fois humaine, spirituelle et religieuse. Voici trois témoignages probants de l'universalité des travaux de Jean. Par un heureux hasard, je rencontrais un prêtre jésuite suisse travaillant au Honduras. Il me demandait de remercier Jean pour ses travaux et de lui dire combien ses ouvrages lui permettaient de rejoindre les gens dans leur vécu. Par son approche pastorale, il fait une œuvre d'évangélisation. De même, un directeur de séminaire me confiait qu'avec une psychologue, il avait décidé de compléter la formation des séminaristes à partir du livre *Apprivoiser son ombre*. L'abbé Raymond Roy, disciple de Jean, a débuté des groupes en communication dans les prisons au Mexique. Il remporte un tel succès que le gouvernement désire établir sa méthode dans toutes les institutions pénitentiaires.

Ces exemples, parmi des centaines d'autres, témoignent de la visée pré-évangélique de Jean. Fonder une psychologie saine qui, loin de détruire l'ego, l'ouvre à une spiritualité accueillante à la religion judéo-chrétienne : voilà le libellé de la mission de Jean.

Très intéressé au départ par le counselling individuel, Jean a découvert par la suite la puissance du travail en petit groupe. Cela lui permettait aussi d'atteindre plus de gens. Il a par conséquent formé des groupes sur le deuil d'un être cher, sur le divorce, sur le pardon à accorder et à demander, sur la solitude, sur l'ombre de la personnalité, sur la maîtrise de la violence, sur la communication entre parents et enfants, sur l'estime de soi et du Soi et sur la mission de chacun.

Aujourd'hui, devant les multiples demandes de sessions et de formations, Jean et moi avons décidé de fonder une association internationale de l'estime de soi et de l'estime du Soi. L'objectif de cette dernière est de promouvoir l'estime de soi et du Soi, de former des multiplicateurs « à l'école de Jean Monbourquette », de favoriser les recherches futures sur l'estime de soi et l'estime du Soi, de préserver une philosophie cohérente et de mettre en lien des personnes et des associations intéressées par le développement de l'estime de soi et de l'estime du Soi.

Isabelle d'Aspremont Lynden

Philosophie de l'association de l'estime de soi et du Soi

www.estimame.com

Énoncé de principes

Nous soutenons que :

- L'estime de soi vise à la croissance d'un « je » sain et fort par l'exercice de différentes techniques et méthodes propices au développement psychologique.

- Une haute estime de soi prépare l'avènement de l'estime du Soi par l'acceptation des expériences-sommets et par le lâcher-prise (le travail du deuil, l'intégration de l'ombre, la désidentification et les détachements volontaires).

- L'instance du Soi est le centre spirituel et organisateur de toute la personne. Par l'éveil spirituel et la prise de conscience de l'action du Soi, nous laissons émerger l'influence du Soi.

- Il existe des articulations possibles entre la croissance psychologique de soi et la croissance spirituelle du Soi.

- Le développement de l'estime de soi et du Soi constitue une structure d'accueil pour la foi d'une religion.

- Nous favorisons la voie symbolique qui caractérise l'expression du Soi en adoptant les stratégies suivantes : celles des expériences-sommets, de l'expression de l'âme dans des symboles, spécialement le « mandala », de la prise de conscience des archétypes, de l'harmonisation des polarités, de l'utilisation des rituels, etc.

Repères biographiques

1933, 4 octobre : naissance de Jean à Iberville, Québec

1938 : entrée à l'école primaire

1944 : entrée au Séminaire Saint-Jean

1950 : obtention du baccalauréat

1953 : obtention du baccalauréat en philosophie

1953, 23 juillet : entrée au noviciat des missionnaircs oblats de Marie Immaculée à Richelieu

1954, 15 août : premiers vœux et entrée au scolasticat Saint-Joseph, à Ottawa, où il obtient une maîtrise en philosophie

1954-1959 : licence en théologie

1957, 8 septembre : vœux perpétuels

1958, 12 septembre : ordonné prêtre par Monseigneur Lajeunesse

1959 : professeur à l'École secondaire de l'Université d'Ottawa

1963-1964 : études en littérature française à la Sorbonne, à Paris, obtention d'un diplôme en pédagogie de l'enseignement du français

1964, automne : retraite de Mazenod à Rome

1965 : retour à l'école secondaire

1967 : nommé professeur de religion à l'école secondaire

1967 : dépression, arrêt de l'enseignement

1968 : nommé vicaire à la paroisse Notre-Dame de Hull, responsable diocésain des groupes de couples

1974-1975 : maîtrise en psychologie clinique au Mountain College de San Francisco

1975-1977 : professeur à l'Université Saint-Paul, à Ottawa, et au Centre Saint-Pierre-Apôtre, à Montréal

1977 : professeur à plein temps à l'Université Saint-Paul, à Ottawa

1981-1987 : à temps partiel, études doctorales avec Jean Houston à Pomona, New York

1986 : obtention d'un doctorat, *Masculine spirituality, a jungian perspective on the spiritual development of men*, à l'Institut International de Los Angeles

1987 : publication de *Grandir : aimer, perdre et grandir*

1992 : publication de *Mourir en vie!* avec Denise Lussier-Russell

1992 : publication de *Comment pardonner?*

1993 : publication de *Groupe d'entraide pour personnes en deuil* et de *L'ABC de la communication familiale*

1994 : publication de *Groupe d'entraide pour personnes séparées/divorcées*

1996 : publication de *Apprivoiser son ombre*

1997 : publication de *Je suis aimable, je suis capable* avec Myrna Ladouceur et Jacqueline Desjardins-Proulx

1999 : accident vasculaire cérébral, perte de l'usage de la parole durant quelques mois

2000 : publication de *À chacun sa mission*

2000 : retraite professorale à l'âge de 67 ans

2001 : publication de *De l'estime de soi à l'estime du Soi*

2002 : chirurgies, quatre pontages coronariens et greffe rénale

2002 : publication de *Stratégies pour développer l'estime de soi et l'estime du Soi* avec Myrna Ladouceur et Isabelle d'Aspremont Lynden

2003 : ablation du rein de naissance et chirurgie à la prostate

2004 : publication de *Demander pardon sans s'humilier* avec Isabelle d'Aspremont Lynden

2005 : cancer à l'oreille et radiothérapie

2006 : publication de *La violence des hommes*

Table des matières